1등급 연구대회

실전가이드

김민주·박정미·조용·김홍순·김동은 공저

수업혁신사례연구대회 | 디지털교육연구대회 | 인성교육실천사례연구발표대회

(주)광문각출판미디어
www.kwangmoonkag.co.kr

막막함은 설렘으로, 수업은 기록으로
: 연구대회라는 낯선 문 앞에 선 선생님들께

연구대회를 떠올리면 한동안 이런 이미지가 먼저 떠올랐습니다.

"승진을 준비하는 사람들이 나가는 자리", "점수를 위해 밤새 보고서를 쓰는 일."
그래서 누군가 연구대회에 출품한다고 하면, 어김없이 따라붙는 말이 있었습니다.
"승진 준비야?"라는 질문이었습니다.

그런데 최근에는 연구대회를 바라보는 시선이 분명 달라졌습니다.
"한 번 나가봤는데, 생각보다 괜찮더라."
"힘들긴 했지만, 수업을 다시 보게 되더라고."

수상을 목표로 한 참여가 아니라, '무언가 남는 경험'을 위해 다시 도전하는 교사들이
늘고 있습니다. 입상으로 끝나는 것이 아니라, 연구를 논문이나 새로운 프로젝트로
확장하는 사례도 점차 늘어나고 있습니다.

이 변화 뒤에는 몇 가지 흐름이 있습니다. 교육부와 KERIS 등이 '연구하는 교사 문화'를
확산하기 위해 입상 비율을 확대하면서, 연구대회는 더 이상 소수만의 리그가 아니라
성실히 준비하면 누구나 도전해 볼 수 있는 열린 무대로 자리 잡았습니다.

여기에 실제로 참여해 본 교사들의 경험이 축적되면서, 연구대회는 단순한 실적
쌓기가 아니라 수업을 정리하고 자신의 성장을 돌아보는 계기라는 인식이 서서히 공유
되고 있습니다.

AI 도구의 등장은 진입 장벽을 한층 낮추었습니다. 이제 혼자 문헌을 뒤지며 어색한 문장으로 보고서를 힘겹게 써 내려가던 시대는 지나가고 있습니다. 그러나 기술이 표현과 구조를 정돈해 줄 수 있어도, 교실에서 만들어지는 경험까지 대신할 수는 없습니다. 연구의 출발점이자 중심에는 언제나 교사의 '교실 이야기'가 있습니다. 연구대회는 그 이야기가 공식적으로 기록되고 공유되는 대표적인 무대입니다.

이제 연구대회는 승진을 위한 수단을 넘어, 교직 문화 안에서 자발적인 성장을 시도해 볼 수 있는 하나의 장으로 자리 잡아 가고 있습니다. 이 책은 바로 그 지점에서 출발합니다. "한번 나가볼까?"라는 생각이 스친 순간부터, "어디서부터 시작하지?", "이 방향이 맞을까?"하고 막막해지는 순간까지, 옆자리 동료처럼 곁에서 길을 함께 찾아가는 것이 이 책의 목표입니다.

화려한 이론을 나열하기보다는, 실패와 시행착오를 포함한 현실적인 과정을 함께 보여 드리고자 합니다. 선생님께서 교실에서 쌓아 오신 수업의 경험과 고민을 연구의 형태로 정리하는 방법, 그리고 그 과정을 통해 스스로의 변화를 분명히 인식하게 되는 지점을 이 책과 함께 천천히 찾아가면 좋겠습니다.

연구대회는 특별한 누군가만의 무대가 아닙니다. 지금 이 책을 들고 있는 선생님께서 오늘부터 시작해 볼 수 있는 여정입니다.

"함께 하는 여정, 진심으로 반갑습니다"

목 차
: Context

확산, 연구의 씨앗이 퍼지다

"이제부터 선생님들이 주인공입니다."

Part 1

연구대회의 시작

교사는 이미 교실에서 다양한 연구를 반복하고 있는 연구자이다.

이 파트에서는 교사의 일상인 수업 준비와 실행, 성찰의 과정을 그대로
'연구대회'라는 무대로 옮겨, 교사로서의 정체성을 어떻게 세울 것인지 정리하고,
나에게 맞는 대회를 선택하는 기준,
그리고 대회별 진행 방식과 준비 로드맵을 단계적으로 제시하고자 한다.

Chapter 1

교실에서 보고서로

"수업은 자신 있는데,
연구대회 보고서는 도대체 어떻게 쓰는 건가요?"

수업만큼은 자신 있다. 학생들은 "수업이 재미있다"라고 말하고, 동료 교사들에게도 인정받으며, 학부모 만족도 역시 높다. 그런데 연구대회 참가 신청서를 마주하면 하얀 화면 앞에서 손이 멈추고 만다. 무엇부터 써야 할지, 내 수업이 대회에 낼 만한 수준인지, 혹은 다른 교사들은 더 특별한 것을 하고 있는 것은 아닐지 온갖 생각이 꼬리를 문다.

이때의 망설임은 수업의 질 때문이 아니다. 좋은 수업을 심사자가 이해할 수 있는 보고서 언어로 바꾸는 '전달 방식'에 익숙하지 않기 때문이다. 이번 장에서는 교실에서의 탄탄한 실천을 '설득력 있는 보고서'로 옮기는 구체적인 방법을 다룬다.

1. 교사는 이미 연구자다

매일 아침 교실에 들어서는 순간부터 교사는 이미 연구를 수행하고 있다. 학생들의 표정을 살피며 컨디션을 파악하고, 어제 수업에서 어려워했던 개념을 다른 방식으로 설명하며, 모둠 활동 중 한 학생의 독특한 문제 해결 방식을 발견하고 기록한다. 수업 후에는 "이 발문은 효과가 있었는데, 저 활동은 시간이 너무 걸렸네"라며 다음 차시를 수정한다.

이 모든 것이 연구에 해당된다. 교사는 수업 속에서 끊임없이 관찰하고, 가설을 세우며, 실행하고, 그 결과를 분석한 뒤 개선 방안을 찾는다. 단지 그 과정을 '연구'라는 이름으로 부르지 않았을 뿐이다.

교사의 일상	연구 보고서
"요즘 애들이 집중을 못 하네…"	실태 분석
"왜 이럴까? 뭔가 필요해"	연구의 필요성
"이 수업 방법을 써 보면 어떨까?"	연구 목적 설정
동료에게 물어보기, 인터넷 검색	이론적 배경, 선행 연구 분석
"이번 학기는 이렇게 해 보자"	연구 방향 설정
"3월엔 이거, 4월엔 저거…"	연구 절차
새로운 방법으로 수업하기	실천 과제 실행
학생 반응 관찰, 사진·자료 모으기	자료 수집
수업 일지 쓰기	교사 성찰 일지
"이 부분은 좋았고, 저건 아니었어"	결과 분석
"다음엔 이렇게 바꿔야겠어"	결론 및 제언

[표 1.1] 교사의 일상에서 발견하는 연구 보고서 형식

교사가 수업을 준비하는 일상의 흐름을 연구보고서의 형식 구조와 비교해 보면, 두 과정은 자연스럽게 연결되어 있음을 알 수 있다.

2. 시간과 언어의 격차

연구는 교사의 일상이고, 우리는 모두 연구자이다. 교사는 매일 수업을 고민하고, 학생을 관찰하며, 수업을 위한 방법을 끊임없이 개선한다. 그런데 이상하다. 연구대회 공고문을 보고 계획서를 작성하려고 하면 한참을 망설이게 된다.

분명히 연구는 하고 있는데, 뭐라고 써야 할지 모르겠다. 문제의 핵심은 '시간의 격차'이다. 6개월의 실천, 180일의 관찰, 500개의 순간을 20페이지에 담아내야 한다. 그리고 심사위원은 그 20페이지를 10분 만에 읽고 평가한다.

연구자의 상황	심사위원의 상황
우리는 6개월간 매일 학생들의 모습을 관찰하고 기록	심사위원은 그 학생들을 한 번도 본 적이 없음
몇 달 동안 수업 방법을 놓고 씨름하며 변화를 만들어 냄	심사위원은 그 고민의 무게를 10분 안에 이해
몇 날 며칠 밤을 새워 완성한 '수업의 변화'	그 작은 변화의 의미는 20페이지 중 몇 줄로만 전달

[표 1.2] 연구자의 상황과 심사위원의 상황 분석

우리는 6개월간 매일 학생들을 관찰했지만, 심사위원은 그 학생들을 한 번도 본 적이 없다. 몇 달 동안 고민해서 수업 방법을 바꿨지만, 심사위원은 제한된 시간 안에 그 과정을 문서로만 이해해야 한다. 교실에서 분명히 확인할 수 있었던 학생들의 적극적인 참여와 수업 속에서 만들어 낸 작은 변화 역시 심사위원에게는 문자로 전달되는 정보일 뿐이다. 그 결과, 현장에서는 의미 있었던 실천이 "구체성이 부족하다"라는 평가로 돌아오기도 한다.

이 격차는 누구의 잘못도 아니다. 심사위원은 교실의 맥락을 알 수 없고, 연구자는 그 맥락 속에서 충분히 치열하게 실천해 왔다. 문제는 연구의 깊이가 아니라 전달 방식에 있다. 연구대회에서 요구되는 것은 더 '깊은' 연구가 아니라, 그 연구를 타인이 이해할 수 있도록 '명확하게 전달하는' 연구이다.

수업 현장 연구	연구 보고서
교실 속 언어를	연구 보고서의 언어로
학생의 경험과 체험을	심사위원과 독자의 이해로
6개월의 기간을	20페이지로

[표 1.3] 수업 현장 연구에서 연구 보고서로

교실에서는 수업에 대해 흔히 이렇게 이야기한다. "학생들이 정말 잘 따라왔다.", "분위기가 확 달라졌다.", "이해가 훨씬 빨라졌다." 하지만 연구보고서에서는 다음 표와 같이 구체적이고 분석적인 언어로 써야 한다.

교실 언어	연구 언어
"학생들이 정말 잘 따라왔어요."	"학습 참여도가 사전 62%에서 사후 89%로 향상되었다."
"분위기가 확 달라졌어요."	"긍정적 발화 빈도가 수업당 평균 3회에서 8회로 증가했다."
"이해가 훨씬 빨라졌어요."	"개념 이해도 평가 결과 사전 32점에서 사후 87점으로 상승했다."
"아이들 표정이 달라요."	"학습 만족도 조사 결과 '매우 만족' 응답률이 23%에서 76%로 증가했다."
"이 수업방법 진짜 좋아요."	"본 전략은 ○○이론의 □□원리를 적용한 것으로…"

[표 1.4] 교수자의 언어와 연구자 언어 비교

교실의 언어는 생생하고 사실적이지만, 결국 나만 아는 이야기이다. 반대로 연구 언어는 객관적이고 측정 가능하기 때문에, 누구나 같은 의미로 이해할 수 있는 표현이다. 연구대회가 요구하는 것은 바로 이 전달의 언어, 즉 나의 경험을 공적으로 공유 가능한 언어로 바꾸어 내는 능력이다.

같은 경험이라도 어떻게 글로 풀어내느냐에 따라 전달력이 달라진다.

경험의 예시) 진수가 오늘 처음으로 손을 들었어요. 3개월 만에요. 그 순간 제 눈에 눈물이 핑 돌았어요.

감성+구체성 해석	데이터 중심 해석	서사 중심 해석
3개월 동안 한 번도 자발적 발표를 하지 않던 학생 A가 17차시 수업에서 처음 손을 들고 자신의 생각을 말했다.	수업 참여 조사에서 소극적 학습자 5명의 자발적 발표 횟수가 0회(사전)에서 평균 2.4회(사후)로 증가했다.	학생 A는 초기에는 질문에 답을 회피하고 시선을 피했으나, 17차시 이후에는 스스로 발표하고 동료와 눈을 맞추며 대화하는 모습이 관찰되었다.

[표 1.5] 교수자 실제 경험과 다양한 해석

세 문장은 모두 같은 수업 장면을 설명하고 있지만, 전달력에는 분명한 차이가 있다. 감동을 다른 사람이 이해하고 인정할 수 있는 언어로 해석될 필요가 있다.

연구대회에 처음 참여하는 교사가 가장 먼저 겪는 어려움은 '내가 본 교실의 장면'을 그대로 옮겼다고 생각하지만, 심사위원에게는 여전히 부족하다고 느낀다는 점이다. 다음 작성 내용을 살펴보자.

작성 내용

학생들이 AI 도구를 활용하면서 **(질문 1)** 글쓰기에 흥미를 보였다. **(질문 2)**
특히 소극적이던 학생들도 **(질문 3)** 적극적으로 참여했다. **(질문 4)**
이 수업은 효과적이었다. **(질문 5)**

[표 1.6] 교수자 실제 경험을 그대로 작성한 내용

이 글을 보며 심사위원은 자연스럽게 다음과 같은 질문을 떠올린다.

(질문 1) 어떤 AI 도구를 썼는가?
(질문 2) 흥미를 보였다는 것이 구체적으로 어떤 변화인가?
(질문 3) 소극적인 학생은 누구이며 어떤 정도인가?
(질문 4) 적극적 참여는 어떤 행동으로 드러났는가?
(질문 5) 이 수업이 효과적이라는 근거는 무엇인가?

작성 내용을 쓴 교사에게는 이 모든 장면이 너무도 당연하게 느껴진다. 교사는 그 교실에 있었고, 학생들을 알고 있으며, 변화의 과정을 직접 목격했기 때문이다. 하지만 심사위원은 그 교실에 있지 않았다. 따라서 이 다섯 가지 질문에 대한 답이 글 속에 드러나지 않는다면, 아무리 좋은 수업이라도 온전히 전달되기 어렵다. 이제 같은 내용을 다시 써 보자. 질문에 하나씩 답하는 순간, 글은 비로소 독자에게 이해되고 설득력을 갖추게 된다.

수정된 내용

학생들에게 ChatGPT를 활용한 브레인스토밍 활동을 제공하자 **(질문 1 답변)**,
글감 생성 시간이 평균 15분에서 7분으로 단축되었고 **(질문 2 답변)**,
사전 설문에서 '글쓰기가 어렵다'고 응답한 8명의 학생 중 6명이 **(질문 3 답변)**
2회차 수업부터 자발적으로 초고를 제출하기 시작했다 **(질문 4 답변)**.
이는 학생 성찰일지 분석 결과 '막막함 감소'(12건)와 '아이디어 발견의 즐거움'(9건) 키워드가 다수 나타난 것으로도 확인되었다 **(질문 5 답변)**.

[표 1.7] 다섯 가지 질문을 통한 수정 내용

처음 교사가 작성한 글은 수업에 대한 느낌을 전달하는 데 그친다. 반면, 수정된 글은 독자가 품을 수 있는 궁금증에 답한다. 구체적 도구, 측정할 수 있는 변화, 명확한 대상, 관찰할 수 있는 행동, 그리고 질적·양적 근거의 제시가 바로 연구를 설득력 있게 전달하는 방법이다.

3. 전달의 방법

"산을 그리려면 들에서 그리고, 들을 그리려면 산에서 그리라"라는 말이 있다. 산속에 서서 산을 그리면 나무만 보이고, 들판 한가운데 서서 들을 그리면 풀만 보인다. 전체를 보려면 한 걸음 물러서야 한다.

교사는 6개월 동안 교실에서 연구했다. 학생들과 부대끼며 실천했고, 매일 기록하고 관찰하고 성찰했다. 지금 교사는 숲속 깊은 곳에 있다. 나무 한 그루 한 그루가 보이고, 어떤 나무가 어디 있는지 다 안다. 심지어 나뭇잎 하나하나도 기억한다. 하지만 심사위원은 숲 밖에 서 있다. 그들에게는 전체 모양이 보여야 한다. 나뭇잎 하나하나가 아니라 숲의 의미를 보고 싶어 한다.

그래서 연구대회 보고서는 교실 경험을 그대로 나열하는 글이 아니다. 일정한 거리를 두고 정리하고 구조화한 결과물이다. 어떤 문제의식에서 출발했고, 어떤 방법으로 실행했으며, 그 결과 무엇이 달라졌는지를 한 흐름으로 보여 주어야 한다.

심사위원이 알고 싶은 것은 "얼마나 열심히 했는가"가 아니다. 연구 의도와 실행 과정이 어떤 인과관계를 이루었는지, 그리고 그 결과가 다른 교실에도 적용 가능한지다.

그렇다면 어떻게 전달할 것인가?

답은 분명하다. 제3자의 관점으로 쓰는 것이다. 즉 독자가 이해하고 판단할 수 있도록 다음을 가능하게 써야 한다.

- 독자가 "왜 연구가 필요한가를 이해할 수 있게" 작성한다.
- 독자가 "따라 해 보고 싶고, 실제로 따라 할 수 있게" 작성한다.
- 독자가 "효과를 평가할 수 있게" 작성한다.

이를 위해서는 연구의 필요성을 명료하게 설명하고, 방법을 다른 교실에서도 적용할 수 있도록 구조화하며, 효과를 측정할 수 있는 근거로 제시해야 한다. 이는 주관을 버리는 것이 아니다. 주관을 객관의 언어로 번역하는 일이며, 감정을 지우는 것이 아니라 관찰 가능한 현상으로 표현하는 일이다. 이 과정을 거치면 연구는 더 명료해지고, 동료 교사도 배울 수 있으며, 다른 학교에서도 시도할 수 있다.

우수 보고서들은 이 제3자의 관점을 공통적인 방법으로 구현한다. 복잡한 6개월의 수업을 하나의 구조로 압축해 보여 주는 것이다.

- "매일 다른 활동을 했어요"가 아니라 "WISE 단계로 수업을 했다"로 작성한다.
- Wonder (질문) → Investigate (탐구) → Share (공유) → Evaluate (평가)의 단계로 전체 수업 단계가 설명된다.

HELP, TREE처럼 자신의 수업 흐름에 이름을 붙이고, 그 구조로 전체를 보여 준다. 심사위원은 그 이름 하나로 연구의 전체 구조를 파악한다. 20페이지를 읽기 전에 이미 '이 수업은 이런 방식으로 진행되었구나'를 이해한다. 교사의 성찰 일지, 학생의 변화 기록, 수업 자료는 모두 이 구조 안에서 각자의 자리를 찾는다.

이렇게 작성된 보고서는 혼자 머물지 않는다. 좋은 수업은 교실 안에서 끝나는 것이 아니라, 다른 교실로 확장될 때 비로소 가치를 갖는다. 연구대회는 점수를 겨루는 자리가 아니다. 한 교사의 실천이 다른 교사의 수업으로 이어지고, 다시 변화와 성장을 거쳐 돌아오는 교육 경험 공유의 장이다. 선생님의 연구는 이미 교실 안에서 충분한 의미를 만들어 왔다. 이제 그 경험을 다른 이들도 이해하고 실천할 수 있도록, 세상과 나눌 차례이다.

그러기 위한 첫걸음은 대회를 선택하는 일이다. "어떤 연구대회에 참여할 것인가?" 수업혁신사례연구대회, 디지털교육연구대회, 인성교육실천사례연구발표대회 등 종류가 다양하고, 각각 강조하는 방향도 다르다. 남들이 좋다고 하는 대회를 따라가기보다는, 나의 수업 강점이 가장 잘 드러나는 무대를 고르는 것이 중요하다. 2장에서는 현장에서 참여 비율이 높은 세 가지 연구대회의 성격과 강점을 비교한다. 어떤 대회가 선생님의 수업과 가장 잘 맞는지 차근차근 살펴보겠다.

Chapter 2

어떤 대회를
선택할 것인가?

"나에게 맞는 대회는 어떤 대회일까?"

　선생님의 연구는 이미 충분히 의미 있고 훌륭하다. 이제 그 연구를 어떤 대회에서 보여 줄지 선택할 차례이다. 같은 수업이라도 어떤 대회를 선택하느냐에 따라 평가받는 기준이 달라진다. 이 장에서는 교사들이 가장 많이 참여하는 세 개의 연구대회를 중심으로, 각 대회의 성격과 평가 기준, 그리고 어떤 강점을 가진 선생님에게 적합한지 비교하여 대회 선택에 도움을 주고자 한다.

구분	수업혁신사례 연구대회	디지털교육연구대회 (디지털 교수학습분과)	인성교육실천사례 연구발표대회
핵심	수업 설계 (Design)	도구 활용 (Tools)	정서 교감 (Touch)
추천	"새로운 수업 틀을 짜고 싶어요"	"첨단 기술을 수업에 쓰고 싶어요"	"학생의 마음을 가꾸고 싶어요"
주요 결과물	연구 보고서 + 수업 동영상	연구 보고서 + 결과물 링크	연구 보고서 + 지속적 실적물
대회의 핵심 가치	교-수-평-기 일체화, 맞춤형 학습 설계	일반화 가능성, 디지털 협력 학습	활동의 지속성, 실천의 진정성
심사 특징	수업 동영상 필수 제출	기술 구현 및 확산 가능성 중시	현장 실사 진행

[표 1.8] 세 개의 연구대회 한눈에 비교

1. 수업혁신사례연구대회

　수업혁신사례연구대회는 교육과정이 추구하는 인간상과 핵심역량을 반영하여 학생 참여 중심 수업과 과정 중심 평가를 구현한 혁신 사례를 발굴하고, 설계와 실행의 검증을 거친 재현 가능한 우수 모델을 공유·확산함으로써 학교 수업 문화를 개선하기 위한 대회이다.

　이 연구대회의 핵심은 다음과 같다.

> - 교사를 단순 지식 전달자가 아닌 '학습 디자이너'로 정의
> - 학생 개개인의 수준과 속도에 맞춘 맞춤형 수업 설계
> - AI·에듀테크 활용을 통한 학습 과정의 질적 개선
> - 교-수-평-기 (교육과정-수업-평가-기록) 일체화

　이 연구대회는 다음과 같은 변화를 시도하고자 하는 선생님에게 추천한다.

- 2022 개정 교육과정의 방향에 맞춘 수업의 구조 자체의 혁신
- AI·디지털 교수학습 자료, 에듀테크를 활용한 학생 자기 주도적 학습 능력 극대화

　이러한 변화를 체계적인 데이터와 기록으로 남기고 싶은 선생님에게 수업혁신사례연구대회는 좋은 기회가 될 것이다.

01. 수업혁신사례연구대회의 특징

- **높은 입상 가능성**: 출품작 상위 60% 안에 1·2·3등급이 1:1:1로 배분되어 1등급 확률이 다른 대회보다 높으며, 초등·중등 분과가 분리되어 중등 교사가 도전하기에 좋다.
- **성장 지원 대회**: 교육부 주관 전문가 컨설팅이 연 2회(4월, 6월, 2025년 기준) 제공되어 연구 방향 설정과 보고서 작성을 체계적으로 지원받을 수 있다.
- **전국대회에서 재도약 가능**: 시·도 예선 후 전국대회 보고서를 수정 및 보완할 수 있어, 예선에서 받은 등급보다 상향된 결과를 기대할 수 있다.
- **해외연수 기회**: 전국대회 우수 입상자에게 해외 선진 교육 현장 탐방 기회가 주어진다.

(2025년 기준 1등급 수상자 100명 대상)

02. 무엇을 준비해야 하는가?

수업혁신사례연구대회에서 준비해야 할 요소는 다음과 같다.

요소	내용
연구 보고서	• 수업의 기획부터 성찰까지의 전 과정을 논리적으로 기록 • 수업 성찰 일지, 교수학습 과정안(동영상 촬영분 반드시 포함)
수업 동영상	• 보고서의 내용이 실제 교실에서 어떻게 구현되는지 증명 • 무편집 전체 영상 + 15분 요약 영상
나눔과 확산	• 나의 연구 결과가 동료 교사들에게 공유되는 과정 • 함께학교 - 수업의 숲(지속적 기록), 전문적 학습 공동체 활동

[표 1.9] 수업혁신사례연구대회 준비 요소

03. 심사 과정

수업혁신사례연구대회는 **표절 심사-통합 심사-현장 실사**로 이어지는 다음의 심사 과정을 통해 시·도 예선과 전국대회 수상자를 결정한다.

단계	시·도 예선	전국대회
표절 심사	• 연구 윤리 위반 및 모작 여부 확인(표절률 20% 이하)	
통합 심사	• 시·도마다 심사기준이 다름 • 보고서 및 수업 동영상 심사	• 1차는 연구보고서 심사 • 2차는 1차 심사 통과한 입상 예정작 동영상 심사
현장 실사	• 1등급 입상 예정자의 학교를 직접 방문하여 면담(인터뷰) 및 증빙 자료 확인	• 현장 실사는 필요하다고 판단될 때 실시함

[표 1.10] 수업혁신사례연구대회 심사 과정

2. 디지털교육연구대회

디지털교육연구대회는 디지털 도구와 콘텐츠를 활용해 교수·학습 방법의 혁신적 사례를 연구하는 대회이다.

이 연구대회의 핵심은 다음과 같다.

- 디지털 기술(AI, 메타버스 등)을 매개로 한 참여·공유·협력 학습의 강화
- 개발된 기술이나 수업 방식이 다른 교실에서도 쉽게 적용될 수 있는지에 중점
- '일반화 가능성'을 매우 중요하게 평가

이 연구대회는 다음과 같은 변화를 시도하고자 하는 선생님에게 추천한다.

- 다양한 에듀테크 도구(메타버스, 빅데이터 등)를 수업의 도구로 활용
- 온·오프라인을 넘나드는 하이브리드 수업 모델
- 학생들의 디지털 문해력(리터러시) 향상

디지털 기술을 통한 수업의 변화를 체계적인 기록과 데이터로 남기고 싶은 선생님에게 이 연구대회는 좋은 기회가 된다.

01. 디지털교육연구대회의 특징

- **영상 촬영 부담 감소**: 수업혁신사례연구대회와 달리, '수업 동영상'을 필수로 제출하지 않아, 영상 촬영에 대한 부담이 없다.
- **해외연수 특전**: 전국대회 우수 입상자에게는 국외 선진 교육 현장을 탐방할 수 있는 해외연수 기회가 제공된다.
- **전국대회에서 재도약 가능**: 전국대회 보고서를 수정·보완할 수 있어, 전국대회에서 시·도 예선의 등급보다 상향된 결과를 기대할 수 있다.
- **초·중등 분과 구분 없음**: 학교급을 구분하지 않고 유·초·중·고가 통합 경쟁하는 구조로, 최종 출품 작품 수 60% 이내 입상작 1, 2, 3등급 비율 1:2:3으로 설계되어 있다. 전반적으로 초등 부문의 입상 비율이 높은 경향이 있다.

02. 디지털교육연구대회 분과

디지털교육연구대회 분과는 3개로 이루어져 있다.

분과	내용
디지털 교수·학습 분과	• AI뿐만 아니라 빅데이터, 메타버스, 에듀테크 등 다양한 디지털 도구를 활용한 수업 연구
교육용 SW·AI 분과	• 학습자의 참여와 협력을 강화하는 교육용 소프트웨어(앱, 웹, 프로그램 등)를 직접 개발하여 출품
디지털 학교 경영 분과	• 학교 차원의 디지털 기반 경영 전략 수립 연구

[표 1.11] 디지털교육연구대회 분과

03. 무엇을 준비해야 하는가?

디지털교육연구대회 중 가장 참여가 높은 디지털 교수·학습 분과를 위주로 설명한다. 준비해야 할 요소는 다음과 같다.

요소	내용
연구 보고서	• 수업의 기획부터 성찰까지의 전 과정을 논리적으로 기록
데이터	• 심사 과정에서 원자료 제출(설문 결과, 산출물 등)을 요구할 수 있기에 불이익이 없도록 반드시 별도 보관

[표 1.12] 디지털 연구대회 준비 요소

04. 심사 과정(서류 심사 60% + 발표 심사 40%)

시·도 교육청 예선과 전국대회 예선은 동일한 절차로 진행되며, 시·도 교육청 입상자는 보고서를 수정 및 보완 후 전국대회에 참여한다.

단계	시·도 예선	전국대회
표절 심사	• 연구 윤리 위반 및 모작 여부 확인(표절률 20% 이하)	
사전 심사	• 연구 보고서 감점 요인 검토(분량, 블라인드, 컬러 인쇄, 글꼴)	
서류 심사	• 연구보고서 - 사전심사 결과보고서 참고	
발표 심사	• 시·도 교육청 대면 면접 심사	• KERIS(대구) 대면 발표 심사

[표 1.13] 디지털교육연구대회 심사과정

3. 인성교육실천사례연구발표대회

인성교육실천사례연구발표대회는 학교 현장에서 인성교육을 내실 있게 실천한 우수 사례를 발굴하여 '하이터치' 역량을 강화하는 대회이다.

이 연구대회의 핵심은 다음과 같다.

- 기술이 채울 수 없는 인간 본연의 가치와 사회 정서 역량 함양
- 일회성 이벤트가 아니라 학기 초부터 지속적인 실천
- '활동의 지속성'과 '진정성'을 현장 실사까지 거친 꼼꼼한 검증

이 연구대회는 다음과 같은 변화를 시도하고자 하는 선생님에게 추천한다.

- 학급 운영이나 교과 수업 전반에 공감, 소통, 책임 등의 가치를 녹여 내어 학생들의 마음 건강을 돌보는 실천 중시
- 학교 폭력 예방이나 사이버 윤리 등 실천 중심의 인성 지도에 강점이 있으며, 이를 꾸준히 기록·성찰한 사례를 높이 평가

이러한 실천을 체계적인 성찰과 기록으로 남기고 싶은 선생님에게 인성교육실천사례연구발표대회는 좋은 기회가 될 것이다.

01. 인성교육실천사례연구발표대회의 특징

- **1인 1연구 원칙**: 공동 연구는 불가하며, 1인 1연구를 원칙으로 한다.
- **초·중등 분과 구분**: 초·중등이 통합 경쟁하는 디지털 대회와 달리, 이 대회는 유·초·중·고 학교급을 구분하여 심사한다. (제출 편수가 적을 경우 통합 심사)
- **해외연수 특전**: 전국대회 우수 입상자에게는 국외 선진 교육 현장을 탐방할 수 있는 해외연수 기회가 제공된다. (최종 출품 작품 수 40% 이내 입상작 1, 2, 3등급 비율 1:2:3)
- **예선 보고서 9월 제출**: 세 가지 대회 중 제출 시기가 가장 늦은 9월(2학기 초)에 제출한다. 다만, 시·도 예선 발표 후 전국대회 출품까지 날짜가 굉장히 촉박하므로 완성도를 최대한 높여서 준비한다.
- **보고서 분량이 적음**: 보고서는 20쪽 이내, 분량 제약상 부록에는 참고 문헌 수준만 포함 가능한 경우가 많으므로, 본문에서 관찰 기록, 학생 발화, 설문 결과, 사례 분석을 압축적으로 설계하는 것이 중요하다.

02. 무엇을 준비해야 하는가?

인성교육실천사례연구발표대회에서 준비해야 할 요소는 다음과 같다.

요소	내용
연구 보고서	• 수업의 기획부터 성찰까지의 전 과정을 서사를 담아 기록
수업 포트폴리오	• 방문 심사 대비 학생 활동지, 상담 일지, 학급 운영 사진, 쪽지 등 수업 과정과 결과를 보여 줄 수 있는 포트폴리오

[표 1.14] 인성교육실천사례연구발표대회 준비 요소

03. 심사 과정

시·도 예선 1등급만 본선에 진출하며, 시·도 예선 결과가 발표되면 곧바로 전국대회 제출 절차가 이어지므로, 별도의 전국대회 보고서 수정을 기대하기 힘들다.

단계	시·도 예선	전국대회
표절 심사	• 연구 윤리 위반 및 모작 여부 확인(표절률 20% 이하)	
보고서 심사	• 연구 보고서 20p	• 예선대회 1등급만 진출
현장 실사	• 1등급 입상 예정자(120%)의 학교를 직접 방문하여 면담(인터뷰) 및 증빙 자료 확인	·

[표 1.15] 인성교육실천사례연구발표대회 심사과정

개인 연구 vs 공동 연구

수업혁신사례연구대회와 디지털교육연구대회는 2인 공동 연구가 가능하다. (인성교육실천사례연구발표대회는 1인만 가능) 하지만 특별한 사유가 아니라면 개인 연구를 권장한다.

이유 1. 분량은 같은데 쓸 내용은 더 많다.

2명이 참여해도 제출 분량(25쪽 내외)은 동일하다. 역할 분담, 공동 연구 필요성, 운영 체계까지 추가로 써야 하므로 정작 핵심 수업 내용을 담을 지면이 줄어든다.

이유 2. 해외연수는 1명 비용만 지원

전국 1등급 입상 시 해외연수는 팀당 1명 비용만 지원된다. 2명이 함께 가려면 1명은 본인 부담으로 참여해야 한다.

대안 함께 준비할 동료가 필요하다면, 각자 개인 연구로 신청하되 서로 조언과 피드백을 주고받는 '러닝 메이트' 관계를 추천한다.

 **수업혁신사례 vs 디지털교육 vs 인성교육실천사례 나의 선택은?**

세 대회 모두 수업 연구를 다루지만, 준비 과정과 세부 요소는 크게 다르다. 따라서 1년 일정과 개인 성향을 고려해 자신에게 가장 유리한 대회를 선택하는 것이 중요하다.
아래 표를 보며 나에게 해당된다고 느껴지는 항목에 ○ 표시를 해 보자. 동그라미가 가장 많이 있는 대회가, 지금 나에게 맞는 대회이다.

구분	수업혁신사례 연구대회	디지털교육 연구대회	인성교육실천사례 연구발표대회
어떤 연구를 하고 싶은가요?	수업 방법론의 구조화 및 수업 철학 체계화	AI·에듀테크 기반의 문제 해결 및 사고력	학생의 내면적 성장과 관계 변화 성찰
연구의 핵심전략은?	수업의 목표, 전략, 결과를 구조화하는 경험 제공	AI·에듀테크 등 디지털 도구를 활용한 맞춤형 학습 실현	진정성 있는 실천을 통한 학생의 마음 성장 및 관계 회복 기록
연구의 최종목표는?	학생의 배움 경로 변화와 성장	학생의 사고력 확장 및 디지털 활용 능력	학생의 인성적 성장 과정과 관계 변화
보고서 제출시기	7월(방학 전) 보고서, 영상 모두 완료	8월 초중반 (개학 즈음)	9월 초
	여름방학 전에 제출	여름방학 집중 작성 가능	여름방학 집중 작성 가능
전국대회 제출시기	**10월 초중반** 전국대회 보고서 수정 가능	**9월 말** 전국대회 보고서 수정 가능	**10월 말** 전국대회 보고서 수정불가
심사	초등과 중등 분리	통합	초등과 중등 분리
동영상	수업 동영상 촬영	없음	없음
대면심사	예선 학교(수업교실) 심사위원 학교 방문심사	예선, 본선 2회 대면심사 예선은 교육청, 본선은 KERIS(대구)	예선 학교(수업교실) 심사위원 학교 방문심사
대회 사용 폰트	본문 휴먼명조 표 안의 글씨체 자유 (표로 많이 정리)	바탕체만 가능 (표, 그림 모두)	저작권 문제없는 폰트 (Kopub 서체 권장)
분량	총 25p 이내 요약 1+본문 부록 24	총 35p 이내 요약 5+본문 20 +부록 10	총 20p 이내 요약 2+본문 부록 20

[표 1.16] 3개 대회 비교 나에게 맞는 대회 선택

실행 로드맵

"대회를 정했다면,
언제부터 무엇을 시작해야 할까?"

대회를 선택했다면 이제 구체적인 실행 단계로 들어갈 차례다. 체계적으로 준비하지 않으면 제출일이 다가올수록 부담이 커져 결국 포기하게 되는 경우가 많다. 이 장에서는 학기 초 준비부터 최종 제출까지, 언제 무엇을 해야 하는지 구체적인 로드맵을 제시한다.

1. 학기 초 준비

연구대회 참여를 결정했다면, 학기 초는 가장 중요한 준비 시기이다. 이 시기에 얼마나 방향을 분명히 잡느냐에 따라 이후 과정의 밀도가 완전히 달라진다.

준비항목	내용
대회 결정	• 나의 강점과 수업 맥락이 가장 잘 드러날 수 있는 대회 하나를 선택
1등급 보고서 분석	• 에듀넷 티클리어(www.edunet.net)에서 전국 1등급 보고서의 구조와 서술 방식을 확인
전문적 학습 공동체 구성	• 연구대회를 함께 실천하고 고민을 나눌 팀을 구성 (학교 내, 학교 간, 전국 단위로 구성하면 더욱 효과적)
제목 스케치	• 3월부터 운영할 수업의 핵심 방향을 한 문장으로 정리 ex) ○○ 활동으로 △△ 역량 키우기
사전 검사 도구 선정	• 학습자 실태 파악 및 양적 검증을 위한 사전 검사지를 제작하고 3월 수업 시작 전에 실시 준비

[표 1.17] 학기 초 준비 사항

2. 수업혁신사례연구대회

수업혁신사례연구대회는 7월 제출로 가장 일정이 빠르다. 1학기 동안 수업 준비, 촬영, 보고서 집필이 병행되므로, 로드맵을 바탕으로 구체적인 계획 수립이 필요하다.

시기	추진 일정	연구 과제(추천)	보고서 작성
2월	START	1등급 분석 주제 선정 양적 검증 도구 선정	연구의 시작
3월	연구대회 시행 공고 사전 설명회 개최 예선 계획서 접수	사전 설문, 실태 분석 선행 연구 분석 대회 요강 확인(심사 기준) 연구 계획서 작성	연구의 준비 연구의 설계
4월	연구대회 1차 컨설팅 신청 및 실시	산출물 정리 영상 촬영 차시 선정 보고서 작성	연구의 실행 부록: 수업 일지, 지도안 작성 영상 촬영 차시는 미리 선정하고 계획, 촬영
5월	·	영상 촬영, 편집 보고서 작성 산출물 정리	
6월	연구대회 2차 컨설팅 신청 및 실시		
7월	**시·도 대회 출품 접수**	**보고서 검토 보고서 출력 예선 제출물 준비**	연구의 결론, 요약서
8월	시·도 대회 심사 **현장 실사**	현장 심사 준비 **수업 결과물 정리 후 전시**	보고서 수정 보완 완성도 높이기
9월	입상자 확정(발표) 전국대회 컨설팅	전국대회 컨설팅 전국대회 보고서 보강	
10월	**전국대회 출품 접수**	**전국대회 출품**	완 료
11월	전국대회 심사	·	·
12월	전국대회 입상자 확정	수 상	

[표 1.18] 수업혁신사례연구대회 월별 추진 일정

3. 디지털교육연구대회

보고서 작성
연구의 시작, 준비, 설계
연구의 실행, 부록 수업일지 지도안 작성
연구의 결론, 요약서
보고서 컨설팅 및 수정
2월 3월 4월 5-6월 7월 8월 9월 10월
연구과제 추천
1등급 분석 디지털 도구 선정 주제선정 양적검증 도구선정
교실환경구축 사전설문, 실태분석 선행연구분석 대회요강 확인
참가신청서 제출 (연구계획서)
산출물 정리 수업 일지 기록 수업 적용
연구보고서 작성 (집중 집필 기간)
보고서 검토 예선제출물 준비 1등급 예정자 대면심사
전국대회용 보고서 컨설팅 및 수정
KERIS 대면심사

디지털교육연구대회는 4월 계획서 접수, 8월 예선 보고서 제출 후 1등급 예정자 대면 심사 일정으로 진행된다.

시기	추진 일정	연구 과제(추천)	보고서 작성
2월	START	1등급 보고서 분석 디지털 도구, 주제 선정 양적 검증 도구 선정	연구 주제 및 가제목 선정
3월	연구대회 시행 공고 사전 설명회 및 지식 샘터 특강 개최	교실 환경 구축, 수업 시작 사전 설문, 실태 분석 선행 연구 분석 대회 요강 확인(심사 기준)	연구의 준비 연구의 설계
4월	참가 신청서(계획서) 접수(교육청별 상이)	연구 계획서 제출	연구의 실행 부록: 수업 일지, 지도안 작성
5월	·	디지털 결과물 정리 수업 일지 기록 수업 적용 및 개선 사항 기록	
6월	·		
7월	**시·도 예선 보고서 제출 대면 심사 준비**	**[여름방학] 집중 집필 기간 (Golden Time)**	연구의 결론, 요약서
8월	예선 대면심사	예선 대면 심사 준비 (보고서 기반 질문)	보고서 수정 보완 완성도 높이기
9월	입상자 확정(발표) 전국대회 컨설팅 **전국대회 출품 접수**	전국대회 컨설팅 전국대회 보고서 보강 **전국대회 출품**	
10월	전국대회 심사 (사전/1차/2차)	**KERIS 대면 심사**	·
11월	입상자 확정(최종)	수 상	
12월	시상식		

[표 1.19] 디지털교육연구대회 월별 추진 일정

4. 인성교육실천사례연구발표대회

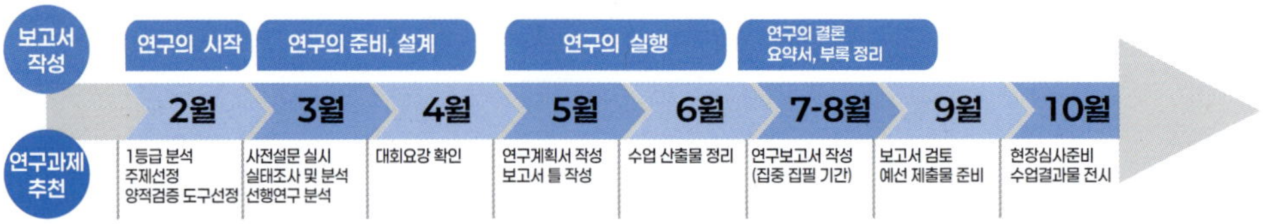

보고서 작성	연구의 시작	연구의 준비, 설계		연구의 실행		연구의 결론 요약서, 부록 정리		
	2월	**3월**	**4월**	**5월**	**6월**	**7-8월**	**9월**	**10월**
연구과제 추천	1등급 분석 주제선정 양적검증 도구선정	사전설문 실시 실태조사 및 분석 선행연구 분석	대회요강 확인	연구계획서 작성 보고서 틀 작성	수업 산출물 정리	연구보고서 작성 (집중 집필 기간)	보고서 검토 예선 제출물 준비	현장심사준비 수업결과물 전시

인성교육실천사례연구발표대회는 계획서 작성이 5월로 늦지만, 그때부터 준비하면 실천이 지연될 수 있으므로 2~4월에 주제 설정과 사전 검사 등 연구 준비를 선행하는 것이 바람직하다. 또한, 전국대회 진출에는 예선 1등급을 받아야 가능하며, 10월 말 예선 발표 직후 전국대회 보고서를 즉시 제출해야 하므로 수정 시간이 거의 없다. 따라서 예선 제출 단계부터 완성도를 높여야 한다.

시기	추진 일정	연구 과제(추천)	보고서 작성
2월	START	1등급 분석 주제 선정 양적 검증 도구 선정	연구의 시작
3월		사전 설문 실시 실태 조사 및 분석 선행 연구 분석	연구의 준비 연구의 설계
4월	예선대회 시·도 공고	대회요강 확인(심사 기준)	
5월	시·도 예선 연구 계획서 접수	연구 계획서 작성 보고서 틀 작성	연구의 설계
6월	·	수업 산출물 정리	연구의 실행
7월	·	**[여름방학] 집중 집필 기간** (Golden Time)	
8월	·		
9월	**시·도 예선 제출**	보고서 검토 보고서 출력 **예선 제출물 준비**	연구의 결론, 요약서 부록, 참고 문헌 정리
10월	**현장 실사** 입상자 확정(발표) **전국대회 출품 접수**	**현장 심사 준비** **수업 결과물 정리 후 전시**	·
11월	전국대회 심사	·	·
12월	전국대회 입상작 확정		·

연구대회를 위해서는 연구 계획서 준비가 필수적이다 아래 QR 링크에는 연구 대회별 연구 계획서가 있다. 결정한 대회의 연구 계획서를 작성해 보자.

수업혁신사례연구대회	디지털교육연구대회	인성교육실천사례연구발표대회

 **연구대회 계획서 제출 후, 수정 사항이 생긴다면?**

연구 활동 중에는 학생 수준, 학사 일정, 학교 여건 등으로 계획 조정이 필요할 수 있다. 계획서 변경은 가능하지만, 변경 유형에 따라 절차가 다르다. 변경 사항이 생기면 먼저 담당자에게 전화로 문의하고, 안내받은 절차대로 진행한다. 지역과 연도에 따라 규정이 다를 수 있다.

수정 요소	대응절차	유의 사항
제목 변경	• 계획서 변경 신청 공문 제출	• 조사(은/는/이/가) 변경 수준이라도 반드시 신청 권장
세부 내용 변경	• 대회 주관 부서 문의 후 진행	• 수정 범위가 크지 않으면 별도 공문 없이 진행 가능한 경우도 많음

Part **2**
연구대회 주제 만들기

대회를 선택했다면, 이제 '무엇을 연구할 것인가'를 정해야 한다.

연구 주제는 멀리 있지 않다.
교실에서 매일 마주하는 답답함, 학생들을 바라보며 품었던 고민,
"이렇게 하면 어떨까?" 싶었던 작은 시도들이 모두 연구 주제의 출발점이다.
문제는 그 고민을 어떻게 연구대회가 요구하는 언어로 정리하고,
시대가 요구하는 교육 흐름과 연결하며,
심사위원의 눈길을 사로잡는 제목으로 완성하느냐다.

이 파트에서는 교실 속 고민에서 연구 주제를 발견하고,
교육 정책과 트렌드를 연결해 주제를 확장하며,
마지막으로 1등급 제목의 공식을 적용해 완성하는 과정을 단계적으로 제시한다.

【 Chapter 1 】

주제의 발견

연구대회의 주제는 화려한 이론이나 최신 트렌드에서 출발하지 않는다. 연구는 학생들이 수업에서 무엇을 배우고, 어떤 모습으로 성장하기를 바라느냐는 질문에서 시작된다. 교사가 학생에게 줄 수 있는 가장 큰 선물은 수업이며, 그 수업 속에서 학생들이 변화하는 순간이야말로 진정한 선물이 된다.

그러나 학생들은 모두 다르다. 각자가 지닌 역량도 다르고, 처한 환경 또한 다양하다. 같은 수업이라 하더라도 어떤 학생은 빠르게 이해하고, 어떤 학생은 시간이 더 많은 시간이 필요하다. 어떤 학생은 적극적으로 참여하는 반면, 어떤 학생은 조용히 관찰하며 배움을 이어간다. 이처럼 학생들의 반응과 성장은 결코 하나의 모습으로 단정할 수 없다.

따라서 연구 주제를 잡을 때 출발점은 "내 수업을 어떻게 더 잘 보여 줄까?"가 아니라, "우리 반 학생들이 어떻게 성장하면 좋을까?"가 되어야 한다. 학생이 자신의 가치를 발견하고, 그 가치를 인정받으며 성장할 수 있도록 돕는 것, 바로 그 지점이 좋은 주제를 만드는 시작점이다. 연구주제의 발견은 다음 세 단계로 접근할 수 있다.

1. 학생들이 어떻게 성장하길 바라는가?

학생들이 어떤 꿈을 키우고 어떻게 성장하면 좋을까? 이 질문에 답하려면 먼저 1년 뒤, 우리 반 학생들이 어떻게 달라져 있기를 바라는지 구체적으로 그려 봐야 한다.

성적이나 점수가 아니라, 학생들의 행동과 태도의 변화를 떠올려 보는 것이다. "수업 시간에 적극적으로 질문한다.", "친구가 어려워하면 먼저 도와준다.", "실패해도 다시 도전한다."와 같은 구체적인 장면을 상상해 본다. 이렇게 바라는 모습이 곧 연구의 최종 목표가 된다.

 **1년 뒤, 우리 반 학생들의 변화 모습을 작성해 볼까요?**

이 연구를 통해 우리 학생들이 '이 부분만큼은 반드시 달라지길 바란다'라고 느끼는 구체적 장면을 떠올려 봅시다.

예 시

예시 1) '나'에서 '우리'로
학생들이 "내가 다 했으니, 이제 내가 너를 도와줄게"라고 자연스럽게 말하는 교실을 그려 본다. 나의 성취가 곧 친구의 성장으로 연결되어 있음을 깨닫고, '함께 가는 즐거움'을 아는 진짜 공동체 일원으로 성장해 간다.

예시 2) 기술의 주인이 되는 아이들
AI 기술에 끌려가거나 무작정 의존하는 학생이 아니라, "기술은 인간을 위해 존재한다"라는 가치를 분명히 이해하고, 올바른 윤리적 기준으로 기술을 다루는 '따뜻한 디지털 시민'으로 성장해 간다.

[표 2.1] 학생들의 변화 모습 작성 예시

2. 무엇이 걸림돌인가?

바라는 변화를 그렸다면, 이제 현재 교실에서 그 변화를 가로막고 있는 것이 무엇인지 찾아본다. 좋은 연구는 수업 중 문득 떠오른 작은 의문에서 출발한다.

"학생들이 이 부분을 조금 더 잘했으면 좋겠는데…", "왜 이 대목에서만 늘 막힐까?" 라는 안타까운 마음이 연구의 시작점이다. 교실에서 반복적으로 마주치는 이 고민을 정리하면 연구의 필요성이 된다.

 **교실에서 느끼는 고민을 적어볼까요?**

현재 선생님의 교실에서 느끼는 고민을 생각해 보고 적어 봅시다. 수업에서 가장 해결하고 싶은 고민은 무엇인가요?

<table>
<tr><td>예 시</td></tr>
</table>

예시 1) 학생들이 질문을 거의 하지 않는다. 수학을 아예 포기하는 학생이 늘고 있으며, 모둠 활동이 학습으로 이어지지 않고 소란스럽기만 하다.

예시 2) 교실에서 '같은 반 친구'라는 인식이 점점 희미해지고, 친한 관계가 아니면 서로를 단지 같은 공간을 공유하는 사람으로 여기는 분위기가 확산되고 있다. 친구가 어려워해도 돕는 일을 손해로 여기며, 개인의 성취와 통과 여부만을 기준으로 판단하는 태도가 교실 문화로 자리 잡아 답답함을 느낀다.

[표 2.2] 교실에서의 고민 작성 예시

3. 어떻게 실천할 것인가?

학생들이 어떻게 성장하길 바라는지 그렸고, 그 성장을 가로막는 걸림돌도 발견했다. 이제 그 걸림돌을 넘어 학생들의 성장을 실제로 만들어 낼 구체적인 방법이 필요하다. 이것이 바로 연구의 핵심 전략이 된다.

"학생들이 서로 돕는 교실을 만들고 싶다"라는 바람과 "개인주의가 확산되고 있다"라는 걸림돌을 발견했다면, 이제 "어떻게 하면 학생들이 함께 성장하는 문화를 만들 수 있을까?"라는 구체적인 방법을 찾아야 한다.

막연히 "어떻게 하지?"라고 고민하면 막막하다. 이럴 때는 현재 상황을 객관적으로 분석하는 것에서 시작하는 것이 좋다. 분석 방법은 다양하다. 사전 설문이나 검사 도구로 확인할 수도 있고, 학생 면담이나 관찰 일지를 통해 구체적인 사례를 수집할 수도 있다. 여기서는 가장 보편적으로 활용되는 SWOT 분석을 통해 상황을 입체적으로 살펴본다.

01. SWOT 분석

앞에서 찾은 나의 고민을 해결하기 위해, 우리 반의 현재 상황을 객관적으로 분석해 보자. "이 고민을 해결하는 데 도움이 되는 강점은?", "방해가 되는 약점은?"처럼 고민과 연결하여 분석하는 것이 중요하다.

SWOT 분석을 작성해 볼까요?

분석 항목	핵심 질문	나의 분석
강점 Strength	학생/학교가 잘하는 것은? 학생들이 가진 장점은?	ex) 학생들이 디지털 도구 활용에 익숙함
약점 Weakness	학생/학교가 부족한 것은? 학생들이 어려워하는 것은?	ex) 협력 경험 부족으로 역할 분담이 안 됨
기회 Opportunity	활용 가능한 자원/환경은? 시대적 흐름/정책은?	ex) 태블릿 PC 1인 1대, AI 기반 연구학교
위협 Threat	방해 요소는? 시간/환경적 제약은?	ex) 수업 시간 부족, 학생 간 학습 격차가 큼

SWOT 분석 결과를 바탕으로 아래의 세 가지를 생각해 보면 향후 전략의 방향을 설정하는 데 큰 도움이 된다.

분석 항목	나의 분석
강점 + 기회를 활용한 전략	ex) Padlet를 활용한 개인 참여 과정을 가시적으로 기록 한다.
약점을 보완할 전략	ex) 협력의 연습 단계를 포함한다.
위협을 대비할 전략	ex) 앞 단원에서 에듀테크를 연습하고 뒤 단원에서 적용하는 구조로 효율화를 한다.

[표 2.3] SWOT분석과 결과에 따른 분석 항목

02. 전략의 방향 정하기

SWOT 분석을 통해 현재 상황을 파악했다면, 이제 연구의 큰 그림을 그려 보자. 세부 계획은 나중에 짜도 된다. 지금은 "나는 어떤 방향으로 이 문제를 해결할 것인가?"만 분명히 정해도 충분하다.

다른 선생님들은 어떤 핵심 전략으로 수업을 변화시켰을까?
QR코드를 참고해 보자.

 **나만의 전략을 세워 볼까요?**

1. 교육과정 방향과 구성을 어떻게 설계할 것인가?

> ex) 단원 재구성, 프로젝트 기반 학습, 문제 해결, 교과 융합 등

2. 수업 방법, 학생 활동을 어떻게 설계할 것인가?

> ex) 협력 학습 구조 설계, 학생 주도 질문/탐구, 학생 수준 차이 고려 등

3. 도구, 환경을 어떻게 활용할 것인가?

> ex) AI·에듀테크 도구 활용, 수업 준비물, 교육 기자재 등

4. 학생의 성장과 평가를 어떻게 확인하고 기록할 것인가?

> ex) 과정 중심 평가, 포트폴리오, 동료, 자기평가, 셀프 체크리스트 등

 **나의 전략을 한 문장으로 정리해 볼까요?**

교실 속 나의 고민	나만의 전략	학생들이 어떻게 변화하기를 바라는가?
ex) 협동 학습 무임승차의 문제	ex) 단원 재구성 (앞 단원 연습 → 뒤 단원 실전), 협력학습 구조 설계, AI·에듀테크 활용, 과정 중심 평가	ex) 모든 학생이 자기 역할을 찾아 참여하는 모둠 협동 프로젝트

> ex) 교육과정을 2단계로 단계화하고, 협력학습 구조 설계, 에듀테크 활용 등을 통해 프로젝트를 진행하여 무임승차 문제를 해결하고 모든 학생이 주도적으로 참여하는 수업을 만든다.

트렌드로
주제 확장하기!

"내 교실의 고민이
정말 연구 주제가 될 수 있을까?"

교실 속 고민과 이에 따른 교육 전략을 정리했다면 이제 그 고민을 설득력 있게 뒷받침할 교육 트렌드를 선택할 단계이다. 연구대회에서 높은 평가를 받는 연구는 단순히 '교사가 하고 싶은 수업'을 제시하는 수준에 머물지 않는다. 수업이 현재 교육이 요구하는 방향 속에서 왜 타당하며, 왜 지금 필요한지를 분명하게 설명할 수 있어야 한다. 즉 개인의 교수 설계 전략을 교육과정 트렌드의 언어로 번역하는 과정이 필요하다. 이 과정이 이루어지는 순간, 막연한 고민은 실행 가능한 전략으로 정교화되고, 연구 제목 또한 보다 명료하고 힘 있는 메시지를 갖추게 된다.

1. 2022 개정 교육과정 방향 이해하기

연구대회는 교육과정 안에서 이루어지는 연구이다. 따라서 학술 논문이나 선행 연구를 찾기에 앞서, 가장 먼저 살펴보아야 할 것은 국가 교육과정 총론이다. 심사위원이 연구를 바라보는 판단의 기준선 역시 교육과정에 있기 때문이다.

2022 개정 교육과정 총론은 개정의 배경과 교육의 중점을 비교적 명료하게 제시하고 있어, 연구의 방향성과 정당성을 빠르게 확보할 수 있는 중요한 근거가 된다. 총론을 읽으며 내 연구와 연결되는 핵심 키워드를 찾아본다.

다음 표에 제시된 2022 개정 교육과정 총론의 주요 내용을 참고하면 연구 주제 설정에 필요한 기본 방향을 잡을 수 있다. 표를 보며 내 연구 고민과 연결되는 키워드를 찾되, 연구를 본격적으로 시작하기 전에는 총론 원문을 다시 확인하는 것을 권장한다.

구분	2022 개정 교육과정 총론 주요 내용
개정 배경 (왜 바뀌었나)	• 디지털 전환(AI), 감염병/기후·생태, 인구 구조의 불확실성 증가 • 사회의 복잡·다양성 확대, 협력 및 공동체 의식 필요 • 학생 개개인의 특성과 진로에 맞는 맞춤형 교육 요구 증가 • 다양한 교육 주체의 참여 확대, 교육과정 자율화 및 분권화 요구
교육과정 구성의 중점 (방향성 키워드)	• 미래 사회 불확실성 대응 능력과 삶과 학습에서의 주도성 함양 • 학생의 인격적 성장 지원과 존중·배려·협력하는 공동체 의식 함양 • 언어·수리·디지털 기초 소양 강화 • 진로와 학습의 주도적 설계와 학습자 맞춤형 교육과정 체제 구축 • 교과 간 연계와 통합, 삶과 연계된 학습, 학습 성찰 강화 • 학생 참여형 수업 활성화, 과정 중심 평가를 통한 학습의 질 개선 • 교육과정 자율화·분권화 기반 교육 주체들 간 협조 체제 구축
추구하는 인간상	• 자기 주도적인 사람 / 창의적인 사람 / 교양 있는 사람 / 더불어 사는 사람
핵심 역량 (총 6개)	• 자기관리 역량/ 지식 정보 처리 역량/ 창의적 사고 역량 /심미적 감성 역량/ 협력적 소통 역량/ 공동체 역량
학교급별 목표 (초등학교)	• 자기 이해와 건강한 삶, 문제 해결과 상상력, 문화적 감수성, 공동체적 태도를 고루 갖춘 성장 지향
학교급별 목표 (중학교)	• 자아 존중과 진로 탐색, 도전적 문제 해결과 창의성, 문화 이해와 공감, 공동체 기반의 민주시민 역량을 고루 함양
학교 교육과정 설계 원칙	• 전인적 성장을 지향하는 설계와 학습자 맞춤형 경험 제공을 통해 다양한 교육 활동 속에서 학습자의 자기 주도 학습 능력과 교원의 학습 공동체 문화를 함께 조성
교수·학습 (수업 설계 원칙)	• 학교는 깊이 있는 학습을 통해 핵심 역량을 기를 수 있도록 학생 참여 중심의 교수·학습을 설계·운영하고, 학생의 특성과 다양성을 존중한 맞춤형 수업과 안전하고 유연한 학습 환경을 조성
평가 (평가 설계 원칙)	• 평가는 학생의 교육 목표 도달 정도를 확인하고 학습을 개선·보완하며, 교수·학습의 질을 높이는 과정 중심 평가로 운영

[표 2.4] 2022 개정 교육과정 총론 주요 내용

적용하는 학년이 2015 개정 교육과정이라면?

• **성취 기준 평가 근거**: 적용 학년이 2015 개정 교육과정에 해당하는 경우, 성취 기준(평가 기준)은 현 적용 교육과정(2015)에 맞춰 작성함.
• **핵심 역량 표기**: 2015 개정 총론의 핵심 역량 체계를 따르고, 용어도 '의사소통 역량'(2015)으로 표기함.
• **방향성과 트렌드 근거**: 연구의 지속 가능성을 위해 2022 개정 총론의 '학습 주도성·맞춤형 교육·학생 참여형 수업·과정 중심 평가' 등 방향을 근거로 덧붙여 '6·3·3 전환기, 학교 자율 시간 등'으로 확장함.

2. 교육부 홈페이지 홍보자료 살펴보기

연구 주제와 자연스럽게 연결될 트렌드 단서를 찾으려면, 교육부가 선별해 제공하는 자료부터 확인하는 것이 효율적이다. 교육부 홈페이지의 홍보자료 게시판을 가볍게 살펴보는 것만으로도 연구로 확장 가능한 다양한 사례와 정책적 근거를 충분히 확보할 수 있다.

교육부 홈페이지 > 홍보자료
https://www.moe.go.kr
검색어 : 자신의 연구 주제 키워드(예: 자기주도학습, AI 교육, 협력학습)

01. 무엇을 어떻게 볼 것인가?

교육부 홈페이지 홍보자료를 살펴보면, 단순한 정책이나 이슈 안내를 넘어, 현장에서 즉시 적용 가능한 구체적 팁(Tip)이 함께 제시되어 있음을 확인할 수 있다. 이 팁은 곧 연구에서 활용할 수 있는 하위 요소이자, 실행할 수 있는 실천 전략으로 전환될 수 있다.

교육부 홈페이지 홍보자료 예시

1 교육부 홍보자료 게시판에서 '자기주도학습'을 검색하면「중학생 자녀의 자기주도학습 지원하기」라는 제목의 카드뉴스를 발견함.

2 카드뉴스 내용을 살펴보면, 자기주도학습에 어려움을 겪는 학생들을 위해 '정서 조절', '인지 조절', '동기 조절'의 세 가지 영역별 전략이 제시되어 있으며, 각 영역마다 구체적인 실천 방법이 안내되어 있음을 확인할 수 있음.

3 학생들의 자기주도학습 능력을 함양하기 위해 세 가지 영역별로 제시된 구체적인 전략을 참고하여 이를 내 수업과 연구에 어떻게 적용할 수 있을지 모색함.

[표 2.5] 교육부 홈페이지 홍보자료 활용

3. 교육정책네트워크 정보센터 활용하기

다음 단계로는 교육정책네트워크 정보센터에 접속해 월간 교육정책 포럼을 확인하는 것이 좋다. 이 포럼은 매달 주요 교육 이슈를 전문가 관점에서 분석하고 정책적 제안을 제시하므로, "전문가들은 이 문제를 어떻게 해석하고 있는가?"라는 질문을 염두에 두는 것이 중요하다. 이러한 과정을 통해 교실에서 느꼈던 개인의 직관은 학술적 개념과 정책 언어로 확장될 수 있다.

교육정책네트워크정보센터> 월간교육정책포럼 > 단행본자료실
edpolicy.kedi.re.kr

01. 무엇을 어떻게 볼 것인가?

월간 교육정책포럼에서 내 연구 주제와 직접 또는 간접적으로 연결되는 글이 있는지 찾아본다. 관련 글이 있다면 전문가 칼럼을 읽으며 "나 역시 같은 문제의식을 갖고 있었다"라고 공감되는 지점을 확인한다. 이와 같은 접점이 형성되는 순간, 개인의 고민은 학술적·정책적 근거를 갖추게 된다. 그 결과 연구 보고서의 이론적 배경은 물론, 연구 주제의 정당성과 타당성이 또한 한층 더 견고해진다.

교육정책네트워크 정보센터 활용 예시

1 교육정책포럼 2025년 통권389호「국가 AI 비전과 교육의 길: 기술 · 인간 · 사회가 함께 성장하려면」을 확인함.

2 나의 연구 주제와의 공감 지점 확인 : "AI 혁신의 속도는 빠르지만, 사회 제도와 윤리는 그 속도를 따라가지 못하고 있다." 대목을 통해, 기술 발전과 인간의 윤리를 연결하는 교육의 필요성이 매우 절실하다는 문제의식을 갖게 되었음.

3 학술 및 정책적 근거 확보 : 전문가들 역시 동일한 문제의식을 공유하고 있음을 확인하면서, 내가 구상해 오던 수업이 'AI 가치 교육' 또는 '기술 인문학'이라는 개념으로 설명될 수 있음을 인식하게 되었음. 이에 내 연구에 해당 개념을 활용하고자 함.

[표 2.6] 교육정책 네트워크 정보센터 활용

4. 교육부 주요 업무 계획으로 교육 흐름 확인하기

전문가 관점으로 연구 방향을 점검했다면, 교육부 주요 업무 계획을 통해 가장 공신력 있는 교육 흐름을 확인할 필요가 있다. 교육부 주요 업무 계획은 한 해 교육 정책의 우선순위와 추진 방향을 제시하는 '교육의 청사진'이며, 심사위원의 판단 기준과도 직접적으로 연결된다. 따라서 주요 업무 계획을 근거로 활용하는 것은 연구가 정책 흐름과 시대적 요구에 부합함을 입증하는 가장 확실한 방법이라 할 수 있다.

교육부 홈페이지 > 정책 > 주요 업무 계획
https://www.moe.go.kr/

01. 무엇을 어떻게 볼 것인가?

중요한 것은 정책 슬로건을 그대로 옮기는 일이 아니라, 문구를 읽으며 "이 정책이 우리 학교와 내 교실에서 어떤 의미를 갖는가?"를 해석하는 데 있다. 즉 추상적 정책 언어를 교실에서 출발한 문제의식과 연구의 언어로 전환하는 과정이 무엇보다 중요하다.

교육부 주요 업무 계획 교육 흐름 확인 예시
1 (문서 내용) 2025년 교육부 주요 업무 추진 계획을 살펴본 결과, 비전은 '기회의 사다리가 되는 교육 실현'이며, 이를 달성하기 위한 목표로 '모두를 위한 맞춤 교육을 통한 교육 격차 해소'를 제시하고 있음을 확인함.
2 (나의 생각) '기회의 사다리'는 교실에서 교육 격차 완화와 학습권 보장으로 해석될 수 있음을 발견함. 우리 반에는 학습 수준 격차, 다문화, 특수교육 대상 학생이 공존하므로, 공평한 학습 기회를 설계해야 한다는 문제의식이 형성됨.
3 (교육 방법 발견) 이를 해결하기 위해 수준별 맞춤 과제 제공, 다문화를 고려한 언어 지원이 필요하며, 이를 체계적으로 운영하기 위해 같은 교과 협의가 아닌 같은 학년 협의회 중심의 협력 구조가 효과적일 것이라 판단함.

[표 2.7] 교육부 주요 업무 계획에 따른 교육 흐름 확인

5. 내 분야의 세부 계획으로 깊이 더하기

교육부 주요 업무 계획이 거시적 방향을 제시하는 밑그림이라면, 교육부 담당 부서와 시·도 교육청에 수립하는 종합 계획, 기본(시행) 계획, 추진(운영) 계획은 이를 실천 과제와 지원 사업으로 구체화한 실행 매뉴얼에 해당한다. 이 단계는 연구를 정책 방향에서 현장 실행 수준으로 연결하는 과정이다.

관련 주제어	세부 계획
기초 학력	• 제1차 기초 학력 보장 종합 계획(교육부), 기초 학력 보장 기본 계획(교육청)
AI·디지털 교육	• 2022년 디지털 인재 양성 종합 방안 기본 계획(교육부), AI·디지털 기반 교육 기본 계획(교육청)
인성 교육	• 제2차 인성교육 종합 계획(교육부), 인성교육 시행 계획(교육청)
융합 교육	• 제3차 융합 교육(STEAM) 종합 계획(교육부)
진로 교육	• 제2차 진로 교육 5개년(2016~2020) 기본 계획(교육부), 진로 교육 시행 계획(교육청)
특수 교육	• 제6차 특수교육 발전 5개년(2023~2027) 종합 계획(교육부), 통합 교육 기본 계획(교육청)

[표 2.8] 관련 주제별 세부 계획

교육부 담당부서 또는 시·도 교육청 검색창에
내 연구와 관련된 주제어에
'~종합 계획', '~기본(시행) 계획', '~추진(운영) 계획', '방안' 검색
▶ QR코드 : 세부계획 모음 연결

추진 계획 및 세부 계획을 연구에 적용하는 예시는 다음과 같다.

추진 계획 및 세부 계획 예시
1 (찾아본 문서) 제2차 인성교육 종합 계획(교육부), 인성교육 시행 계획(교육청)
2 (발견한 키워드) 공동체형 인성, 3대 핵심 가치와 6가지 덕목, 사회 정서 교육, 공감과 협력
3 (발견한 지원 사업) 사이좋은 관계 가꿈 프로젝트 운영 지원, 사회 정서 교육 기반 실천 중심 인성교육 프로그램 운영 지원, 인성교육 중심 전문적 학습 공동체 운영 지원 등
4 (내 연구의 적용) 내 연구 제목인 '사이좋은 우리 반'을 '공동체형 인성 함양'으로 수정하고 사회 정서 교육 기반 실천 중심 인성교육 프로그램을 하나의 과제로 설정함.

[표 2.9] 추진계획 및 세부계획 활용 예시

6. 내 연구 고민 x 트렌드 키워드 연결하기

이제 교실에서 출발한 고민과 앞서 살펴본 교육부와 시·도 교육청 계획서의 주요 키워드를 연결할 단계이다. 현장에서 체감한 문제의식에 정책 용어를 결합하는 것만으로도 연구는 충분한 설득력을 갖출 수 있다.

앞서 수집한 주요 키워드를 내 고민 옆에 나란히 놓아 보자. 이 순간 '감정적인 하소연'은 '이성적인 연구 전략'으로 바뀐다. 연결의 핵심은 '대체'이다. 교실에서 평소 사용하던 일상적 표현을 정책 자료에서 찾은 전문 용어로 바꾸는 것만으로도 연구의 방향과 깊이가 한층 또렷해진다.

 **연구의 고민과 트렌드 키워드를 연결해 볼까요?**

나의 고민	찾은 키워드
ex) "나는 되고 너는 안 돼"라는 태도로 나타나는 학생들의 이기심으로 학급 내 공동체성 약화	ex) 공동체형 인성, 3대 핵심 가치와 6가지 덕목, 사회 정서 교육, 공감과 협력

키워드를 연결했다면, 이제 이를 '하나의 완성된 문장'으로 다듬어야 한다. 이 문장이 곧 선생님 연구의 '주제'가 된다.

"나는 (① 문제)를 해결하기 위해, (② 트렌드·정책 용어)를 적용하여 (③ 구체적 활동·전략)을 실천하겠다."라는 과정으로 발견한 내용을 작성해 보자.

ex) 약화된 학급 공동체성을 회복하기 위해 사회 정서 교육을 적용하여 실천 중심의 인성교육 실천하기

Chapter 3

1등급 제목 만들기!

"제목을 보면 연구가 보인다!"

제목은 연구 보고서 전체를 대표한다. 제목만 읽어도 연구의 방향과 주요 결과가 한눈에 드러나야 한다. 연구 제목에는 일정한 구조가 있다. 그 구조를 알면 누구나 만들 수 있다. 여기에 연구의 전략을 담은 네이밍을 더하고 적합한 아이콘으로 시각화하면 보고서 전체 흐름과 핵심 메시지를 한눈에 전달할 수 있다.

1. 연구대회 제목 구조 분석

연구대회 보고서는 제목만 읽어도 수업 설계의 근거, 운영 방식, 그리고 학생 성장의 도달점이 한눈에 드러나야 한다.

01. 도구(맥락) - 전략(방법) - 목표(변화)가 한 문장에 담겨 있다

여러 연구대회 1등급 보고서들의 제목을 분석해 보면 일정한 공통 패턴이 존재함을 확인할 수 있다. 특히 가장 많이 활용되는 구조는 도구 + 전략 + 목표가 하나의 문장에 담긴 형태이다.

요소	의미	예시
도구	무엇으로 (수업의 도구나 맥락)	AI 활용, 디지털 기반, 그림책, 에듀테크, 프로젝트 학습
전략	어떻게 (수업 구조의 이름)	D.A.T.A 전략, C.H.A.N.G.E 프로젝트, 밀.키.트, 사·춘·기
목표	무엇을 (학생의 변화/역량)	문제 해결력, 체인지 메이커, 자기 주도성, 공감 능력

[표 2.10] 연구대회 제목 형태

 가 한 줄에 모두 담겨 있어,
제목 자체가 '수업 요약'이자 '연구 요약'이 된다.

제목	도구	전략	목표
질문으로 빛나는 SODAxPOP 사회탐구 공동체에서 GOLDEN 시민되기	질문으로 빛나는	SODA POP	GOLDEN
학생 주도성의 K.E.Y.를 통한 P.O.W.E.R. On 영어 수업으로 미래 역량 기르기	학생 주도성 KEY	POWER On	미래 역량
디지털 기반 CHANGE 통합 탐구 프로젝트로 체인지 메이커 기르기	디지털 기반	CHANGE 통합탐구 프로젝트	체인지 메이커

[표 2.11] 수업혁신사례연구대회 보고서 제목 분석

02. 전략명은 '장식'이 아니라 '수업 구조'의 이름이다

전략명(영어 약어, 한글, 한자 등)은 수업의 전 과정을 하나로 묶어 주는 구조적 이름이다. 또한, 수업 단계를 담거나, 핵심 활동을 엮어 수업의 구조를 압축적으로 보여 준다.

전략명이 있으면 보고서를 읽는 동안 그 이름이 계속 기준점으로 작용해, 수업의 흐름이 명확하게 유지된다. 이처럼 전략명은 제목을 매력적으로 만드는 동시에 연구 전체의 뼈대를 잡아 주는 역할을 한다.

전략명	예시
영어 약어형	D.A.T.A(발견–분석–사고–실행), S.E.E.D(탐색–경험–평가–발전), M.I.N.D T.R.I.P
한글 약어형	사·춘·기(사회 정서 역량을 갖춘 삶의 나침반을 지닌 기발한 아이들)
브랜드명	밀.키.트.(국어), 사이다(역사), 여.행.5.복
중의적 표현	도란도란(토론–나눔–성찰)

[표 2.12] 전략명 예시

03. 목표는 '역량'으로 말하거나 '상징'으로 보여 준다

연구에서 목표를 표현하는 방식은 연구의 성격에 따라 크게 두 가지 유형으로 구분된다. 교과 중심 연구가 핵심 역량을 직접적으로 명시하여 교육의 객관적 지표를 강조한다면, 인성교육 연구는 따뜻한 상징과 비유를 통해 학생의 정서적 성장을 형상화하는 경향이 있다. 이처럼 연구의 본질에 부합하는 적절한 표현 전략을 선택하는 것은 연구의 정체성을 선명히 하는 데 매우 중요하다.

표현 방식	특징	제목 예시
역량 직접 명시	미래 핵심 역량, 교과 역량을 구체적으로 제시 (수업혁신사례연구대회, 디지털교육연구대회에서 주로 사용)	• 미래 핵심 역량 키우기 • 4C 역량 기르기 • 문해력 DOUBLE - UP • 자기 주도성 함양 • 문제 해결력 신장 • 협력적 소통 역량
상징적 비유 표현	딱딱한 역량 용어 대신 이미지 결과를 표현 (인성교육실천사례연구발표대회에서 주로 사용)	• 햇살 같은 아이로 성장하기 • 행복한 식탁 공유하기 • 마음 여행 떠나기 • 꽃 피우기, 씨앗 뿌리기 • 날개 달기, 나침반 찾기

[표 2.13] 목표를 표현하는 제목 예시

04. 끝맺음이 '변화가 느껴지는 말'로 완성된다

제목의 마지막은 연구의 결과와 도달점을 드러내는 자리다. 1등급 제목은 정적인 표현보다 변화와 움직임이 느껴지는 동사형 마무리를 선호하는 경향이 있다. 최근 연구대회 제목들을 분석한 결과, 명사형보다 동사형 끝맺음이 훨씬 더 많이 사용되고 있음을 확인할 수 있다.

정적(명사형)	동적(동사형)
• 문제 해결력 신장 • 자기 주도성 향상 • 협력적 소통 역량 증진 • 인성 함양	• 문제 해결력 기르기 • 자기 주도성 키우기 • 협력적 소통 역량 완성하기 • 인성 꽃 피우기
딱딱하고 형식적 공문서 같은 느낌	따뜻하고 자연스러움 / 변화와 성장이 느껴짐

[표 2.14] 명사형과 동사형 끝맺음 비교

 **내 연구의 제목 요소를 작성해 볼까요?**

Chapter 1과 2에서 정리한 내용을 바탕으로 제목의 세 가지 요소를 채워 보자.

1. 도구(수업의 맥락, 트렌드, 활용 도구)

Chapter 1에서 정리한 "어떻게 할 것인가?" 중 가장 눈에 띄는 도구/맥락 한 단어를 적어 보자.

ex) 생성형 AI / 디지털 포트폴리오 / 프로젝트 수업 / 그림책 / 메타버스 / 협력 수업

2. 수업 방법 방향(학생 활동을 어떻게 설계할 것인가?)

Chapter 1에서 정한 수업 방법의 흐름 (4~5단계)을 적어 보자.

ex) 문제 인식 → 계획 → 실행 → 평가 / 발견 → 분석 → 사고 → 실행

3. 목표(어떤 역량/변화를 만들 것인가?)

학생들이 수업을 통해 성장하기를 바라는 역량과 변화를 적어 보자.

ex) 문제 해결력 / 자기 주도성 / 4C 역량 / 창의·융합 역량 / 디지털 시민성

실제 1등급 제목들을 참고하면서 연구 제목을 만들어 보자.

QR코드를 촬영하면,
1등급 제목 모음으로 연결됩니다.
1등급들의 제목을 살펴볼까요?

2. 전략에 이름을 붙이다: 네이밍

제목의 기본 틀을 잡았다면, 이제 전략명을 만들 차례이다. 전략명은 단순한 장식이 아니라 수업 전체를 하나의 이름으로 기억하게 만드는 힘을 지닌다.

01. 이름이 붙으면 수업이 기억된다

'발견-분석-사고-실행'이라는 수업 단계를 그대로 나열하는 것과, 'D.A.T.A 전략' 이라고 부르는 것은 어떻게 다를까? 이름이 붙는 순간, 수업은 하나의 브랜드가 된다. 학생과 교사, 심사위원 모두가 그 이름을 기억하고 반복적으로 사용하게 된다.

전략명은 수업의 정체성을 드러내는 주요 요소이다. 보고서 전체에서 일관되게 등장하며, 수업 구조를 한 단어로 압축해 전달한다. 전략명은 교사의 설계 도구이지만, 학생들도 이해하고 사용할 수 있다면 더 효과적이다. "우리 반은 D.A.T.A로 공부해요" 라고 학생들이 자연스럽게 말할 수 있다면, 그 전략명은 이미 수업 속에 완전히 스며든 것이라 할 수 있다.

 **전략명, 어떤 언어로 쓸까?**

영어, 한글, 한자 중 무엇을 선택할지는 연구의 성격에 달려 있다.

- **인성, 문학, 역사, 유아 교육**: 순우리말이나 사자성어가 연구의 깊이와 정서를 잘 전달한다.
  예) '온(溫)택트' 프로젝트, '도란도란' 이야기꽃 피우기

- **과학, 정보, 진로, 융합 교육**: 영어 약어가 시스템과 구조, 미래 지향성을 강조하는 데 유리하다.
  예) S.T.E.M. 융합 모형, Future 진로 로드맵

정답은 없다. 내 연구의 색깔에 맞는 언어를 선택하면 된다.

02. 네이밍 키워드 수집하기

좋은 전략명은 갑자기 떠오르지 않는다. 네이밍은 "무엇을 길러 주고 싶은가"라는 질문에서 출발한다. 학생들이 이렇게 되었으면 좋겠다는 바람을 키워드로 꺼내어 연결한다. 좋은 네이밍은 그 단어 하나만으로도 "이 수업이 추구하는 것이 무엇인지"가 자연스럽게 그려지게 한다.

바람	키워드	연결
학생들이 수업을 미션처럼 수행했으면 좋겠다	미션, 임무, 수행, 역할	AGENT(요원) 프로젝트 학생들이 임무를 수행하는 요원!
학생들이 수업 시간에 반짝였으면 좋겠다	불꽃, 점화, spark, light, turn on	SPARK, TURN ON 프로젝트 배움에 불꽃을 일으키다
포기하지 않는 힘을 길러 주고 싶다	도전, 다시 일어서기, 칠전팔기	칠전팔기 프로젝트 실패로 다시 일어나는 배움

[표 2.15] 네이밍 키워드 수집하기 예시

 **네이밍 키워드를 작성해 볼까요?**

1. 바라는 모습: 우리반 교실 풍경을 상상해 보자.

ex) 무기력하던 아이들이 눈을 반짝이며 수업에 빠져들었으면 좋겠다.

2. [키워드 추출] 위 모습에서 연상되는 단어를 작성해 보자.

ex) 반짝이다, 불꽃, 켜다 / Spark, Light, On

3. [의미 부여] 그 단어에 어떤 교육적 의미를 담고 싶나요? 학생들이 수업을 통해 성장하기를 바라는 역량과 변화를 작성해 보자.

ex) 문제 해결력 / 자기 주도성 / 4C 역량 / 창의·융합 역량 / 디지털 시민성

03. 네이밍 체크 포인트

좋은 네이밍은 제목을 꾸미는 장식이 아니다. 네이밍은 교수·학습의 흐름과 목표를 한 단어로 고정하는 '표기 체계'에 가깝다. 따라서 1등급 보고서의 네이밍은 대체로 수업 단계(절차), 도달 역량(목표)이 함께 담겨 있다. 특히 수업 단계화는 모든 연구대회 보고서에서 공통적으로 나타나는 특징이다. 네이밍 안에 수업 단계가 포함되면 보고서 전반이 서술이 일관되게 유지되며, 심사위원 또한 전략명만으로 수업 구조를 즉시 이해할 수 있다.

분류	네이밍	뜻
수업 단계	DATA	Discover(탐색) → Analyze(분석) → Think(사고) → Act(실행)
	GROW	Goal(동기 부여: 탐구 질문 설정) → Reality(생활 연결: 실제 문제 발견) → Overcome(문제 해결: 지식 적용) → Work Together(함께 성장: 모둠별 협력 탐구)
도달 역량	GOLDEN 미래 사회 핵심 역량인 GOLDEN 시민 양성	Generative thinking(창의적 사고력) Objective & critical Thinking(비판적 사고력) Logical solving(문제 해결력 및 의사 결정력) Dialogue & collaboration(의사소통 및 협업 능력) EN Evidence - based Navigation(정보 활용 능력)
	PRISM 2022 개정 수학과 교육과정의 핵심 역량 통합	Problem Solving(문제 해결) Reasoning(추론) Information Processing(정보처리) Sharing(의사소통) Making Connections(연결)

[표 2.16] 네이밍 뜻과 예시

 **영어 약어를 만들 때는 품사를 통일하라**

영어 약어를 만들 때 가장 흔한 실수는 품사가 섞이는 것이다.

- 예를 들어, SMART라는 약어를 만들 때 Select(동사) - Motivation(명사) - Analyze(동사) - Reflective(형용사) - Think(동사)처럼 동사, 명사, 형용사가 뒤섞이면 어색하다.
- 반면, DATA는 Discover - Analyze - Think - Act로 모두 동사로 통일되어 자연스럽다. PRISM도 Problem Solving - Reasoning - Information Processing - Sharing - Making Connections처럼 모두 명사형(동명사 포함)으로 통일되어 일관성이 있다.

다음은 수업 전략이나 모형을 네이밍할 때 주의해야 할 8가지 항목이다.

네이밍 주의 사항 8가지

① 내용없이 제목만 거창한 이름
② 단계를 '끼워 맞추기' 위해 만든 약어
③ 수업 흐름이 담지 못하는 네이밍
④ 너무 길고 복잡한 약어
⑤ 발음 및 표기가 헷갈리는 이름
⑥ 의미 설명이 꼭 필요한 이름
⑦ 유행어만 가져온 이름
⑧ 기존 유명 모델 이름을 그대로 차용

위의 주의 사항을 고려하여 네이밍을 완성했다면, 최종 결정에 앞서 다음 체크리스트를 활용해 점검해 보자.

□ 이 네이밍은 수업 단계(절차) 또는 도달 역량(목표)을 담고 있는가?

□ 이 네이밍은 6~8글자 이내로 짧고 기억하기 쉬운가?

□ 영어 약어라면 품사가 통일되어 있는가? (동사형 또는 명사형)

□ 발음하기 쉽고 표기가 명확한가?

□ 별도의 설명 없이도 네이밍만으로 의미가 전달되는가?

□ 유행어에만 의존하지 않고 수업의 본질을 담고 있는가?

□ 기존 수상작 및 교육 모형과 차별화되는 독창성이 있는가?

04. AI 협업으로 네이밍하기

네이밍은 생각보다 많은 고민과 에너지가 필요한 작업이다. 아이디어 발산에 능숙한 AI를 활용하면 초기 구상 단계의 부담을 덜고, 교사의 추상적인 생각을 더 선명하게 가시화할 수 있다. 다만 AI는 제안하는 도구일 뿐이므로, 최종적인 이름은 교사의 교육적 판단을 거쳐 직접 완성해야 한다.

연구 정보를 입력하면 AI는 기획 의도를 바탕으로 세련되고 감각적인 명칭을 제안한다. 아래는 네이밍 과정에서 활용할 수 있는 AI 프롬프트 예시이다. 이를 참고하여 연구의 색깔이 선명하게 드러나는 이름을 직접 지어보자.

AI 프롬프트 예시

[역할] 너는 창의적인 교육 프로그램 네이밍 전문가야.

[나의 연구 키워드] ex) 협력, 질문, AI

[담고 싶은 스토리(의도/분위기)**]**

ex) 아이들이 수업 시간에 눈빛이 반짝였으면 좋겠어. 지루한 학생들이 배움에 열중하는 느낌이었으면 좋겠어.

[네이밍 스타일]

☐ 감성형(스토리 중심: SPARK, LIGHT, GROW)

☐ 트렌드형(유행어 중심: CORE, VIBE, UNIVERSE)

☐ 혼합형(감성 + 트렌드)

[요청 사항]

① 내가 담고 싶은 스토리와 의미가 통하는 영어 단어(예: SPARK, LIGHT 등)를 활용해 5가지 브랜드 이름을 제안해 줘.

② 각 브랜드 이름의 철자를 활용해(Acronym), 내 연구의 수업 단계(예: 도입 - 전개 - 정리)를 그럴싸하게 만들어 줘.

③ 수업 단계는 ex) 문제 만나기 - 탐색하기 - 계획하기 - 실행하기 - 평가하기 를 사용해 줘.

④ 영어 약어를 만들 때 품사를 반드시 통일해 줘. (명사형이면 명사형, 동사형이면 동사형)

⑤ 영어 단어의 발음이 우리말 문장 속에 자연스럽게 녹아들도록 절묘하고 설득력 있는 의미(꿈보다 해몽)를 부여해 줘.

[표 2.17] 네이밍 작성 도우미 AI프롬프트 예시

1등급 연구 보고서 주제와
네이밍 작성에 도움을 주는
GPT와 대화해 보세요.

연구 제목을 완성해 볼까요?

1. 나의 연구의 출발점은 어디인가요?

바라는 변화	
나의 고민	
어떻게 해결하려고 했나요?	

2. 내가 선택한 연구 핵심 요소는 무엇인가요?

연구의 핵심 요소	

3. 내 연구의 이름과 이야기는 무엇인가요?

나만의 전략을 보여 줄 '연구의 이름(영어/한글 키워드)'과 그 속에 담고 싶은 스토리(의미)를 작성해 보자.

연구의 이름	
이 이름에 담긴 스토리	

4. 연구 제목 완성하기

[Trend 도구] 활용한 [Name 전략명]으로 [Goal 목표 역량] 기르기

05. 키워드에 생명을 불어넣다: 아이콘화

보고서 네이밍은 시각화를 통해 한층 더 완성도를 갖추게 된다. 전략명을 단순한 텍스트로 두지 않고 아이콘으로 구현해 본문 전반에 반복적으로 제시하는 방식이다. 글자는 쉽게 잊혀지만 이미지는 오래 기억에 남는다. 전략을 아이콘으로 구현하는 순간, 보고서에는 통일감이 생기고 전체 구조도 더욱 분명해진다.

아이콘은 복잡할 필요가 없다. 네이밍에서 떠오르는 가장 단순한 이미지면 충분하다.

- SPARK라면? → 작은 불꽃 모양, 전기 스파크
- AGENT라면? → 도장, 배지, 미션 카드

아이콘이 바로 떠오르지 않는다면 처음부터 완성된 디자인을 만들려고 애쓰지 않아도 된다. 우선은 강조하고 싶은 단어를 동일한 도형 안에 담아 일관되게 사용하는 것만으로도 충분하다. 보고서를 작성하는 과정에서 더 적절한 이미지가 떠오르기도 하며, 그때 자연스럽게 수정하고 보완해 가면 된다.

디자인 작업에는 캔바와 미리캔버스를 활용할 수 있다. 캔바는 교사 인증을 하면 프로 버전을 사용할 수 있다. 미리캔버스는 지역에 따라 교육청에서 프로 계정을 지원하기도 한다.

아이콘 디자인하기

	▶ 요소 검색은 아이콘 위주로 고른다. 선이 단순한 형태를 기준으로 선택한다.
	▶ 보고서는 대체로 흑백 출력이므로 색이 많은 그래픽이나 그림 스타일은 피한다. 검은 선으로만 이루어진 단순한 아이콘을 선택한다.
	▶ 아이콘 안 또는 옆에 프로젝트 이름이나 약어를 라벨처럼 붙인다.

[표 2.18] 아이콘 디자인하기

 ## 내 연구의 아이콘을 만들어 볼까요?

나만의 전략을 보여 줄 '프로젝트 이름(영어/한글 키워드)'과 그 속에 담고 싶은 스토리(의미)를 정의해 보자.

전략명	
이미지 작성하기	※ 위 이름에서 가장 먼저 떠오르는 이미지를 작성해 보자.
단순하게 시각화하기	※ 떠올린 이미지를 캔바 또는 미리캔버스 요소에서 검색해 보자.

아이콘 계획했다면 직접 만들어 보자.

QR코드를 촬영하면,
아이콘 예시 파일로 연결됩니다.
내 연구 전략의 아이콘을 만들어 봅시다.

 **글씨체 규정 적용 시 아이콘 제작하기**

대회에서 그림 안 글씨체까지 지정한 경우(바탕체 등), 두 가지 방법으로 해결할 수 있다.

파워포인트	한글 글상자
① 디자인을 PPTX/PNG로 저장 ② 파워포인트에 불러오기 ③ 지정 글씨체로 텍스트 재입력	① 입력 → 글상자 선택 ② 글자처럼 취급 체크 ③ 선(테두리) 제거 ④ 채우기 → 그림 선택, 이미지 삽입 ⑤ 지정 글씨체로 텍스트 입력

Part **3**

보고서 작성하기

연구대회 보고서는 일기장이 아니다.
교실에서의 생생한 경험을 그대로 적는다고 해서 좋은 보고서가 되지 않는다.
"학생들이 정말 좋아했어요.", "수업 분위기가 달라졌어요."라는 교실 언어를
"학습 몰입도가 사전 3.2점에서 사후 4.1점으로 향상되었습니다."라는
연구 언어로 번역해야 한다.

문제는 어떤 구조로 시작해야 하는지, 각 단원에서 무엇을 어떻게 써야 하는지,
그리고 어떻게 보기 좋게 정리해야 하는지다.

이 파트에서는 1등급 보고서의 구조적 비밀을 분석하고,
연구의 시작부터 결론까지 5단계 영역별 작성법을 구체적으로 제시하며,
마지막으로 흑백 인쇄 환경에서도 돋보이는 시각화 전략을 다룬다.

Chapter 1

보고서 구조 만들기

"구조가 내용을 결정한다!"

좋은 보고서는 명확한 구조에서 시작된다. 아무리 훌륭한 수업 실천이라도, 그것을 어떤 틀에 담느냐에 따라 전달력이 달라진다.

교실에서 생동감 넘치던 수업이 보고서에서는 평범하게 느껴지는 이유가 있다. 교실의 언어를 연구의 언어로 바꾸는 구조적 틀이 없기 때문이다. 이 장에서는 우수 보고서의 구조를 분석하고, 자신의 연구를 효과적으로 담아낼 뼈대를 설계하는 방법을 다룬다.

1. 1등급 보고서 구조 분석하기

보고서, 일단 한글(HWP) 새 파일을 켜고 시작하면 될까요?"

아무런 가이드라인 없이 깜빡이는 커서를 마주하는 것은 맨땅에 헤딩하는 것과 같다. 내용부터 채우려 하지 말고, 먼저 구조(틀)를 잡는 것이 중요하다.

01. 벤치마킹: 눈을 높여라

왜 벤치마킹이 필요한가? 연구 보고서 작성이 처음이라면, 백지에서 시작하지 마라. 이미 검증된 최우수 보고서들은 구조적 공통점을 가지고 있다. 이를 분석하는 것이 가장 빠른 학습 방법이다.

벤치마킹의 목적은
- 내용을 베끼는 것이 아니라, 구조의 원리를 이해하는 것
- "왜 이 순서로 배치했을까?"를 질문하며 설계 논리 파악
- 자신의 연구에 적용 가능한 틀(template) 추출

참여할 대회의 1등급 보고서 중 마음에 드는 3~5편을 선정해 보자.

QR코드를 찍으면
연구 보고서가 모아둔 에듀넷 T클리어로 연결됩니다.
선생님으로 로그인을 해야 연구대회 탭이 보입니다.

02. 무엇을 관찰할 것인가?

분석 요소	관찰 포인트	기록 방법
목차 구성	대제목(I, II, III) - 중제목(1, 2) - 소제목(가, 나) 구조는?	목차를 엑셀 표로 복사
페이지 배분	각 섹션(필요성/방법/결과 등)이 차지하는 비율은?	"필요성 3p, 방법 5p" 식으로 메모
표·그림 빈도	평균 몇 페이지당 1개의 시각 자료가 등장하는가?	"시각 자료 개수 ÷ 전체 페이지"
제목 스타일	숫자형(1.1.1) vs 기호형(가 - 1) vs 혼합형?	패턴 캡처
서술 톤	문장 어미는? (입니다/합니다 vs 이다/한다)	3~5문장 샘플 발췌
강조 기법	박스, 굵은 글씨, 밑줄을 어디에 썼는가?	스크린샷 저장

[표 3.1] 1등급 보고서 관찰 방법

위 기준으로 여러 보고서를 비교하면 공통 구조가 보인다. 다음은 실제 벤치마킹 과정에서 활용할 수 있는 구조 분석 예시이다.

섹션	페이지	비율	특징
I. 연구 시작	1~2	12%	필요성에 데이터(설문 결과) 먼저 제시
II. 연구 준비	3~4	12%	이론은 2개만 선별, 선행 연구 표로 정리
III. 연구 설계	5~6	12%	연구 절차를 타임라인 다이어그램으로 시각화
IV. 연구 실행	7~14	37%	가장 많은 분량, 과제별로 사진 2~3장
V. 연구 결과	15~18	20%	정량 먼저 → 정성 나중, 표+그래프 병행
VI. 결론 및 제언	19~20	7%	한계 3가지 명시, 제언 간결

[표 3.2] 보고서 구조 분석 예시

2. 보고서 기본 구조

구조를 분석했다면, 이제 내 보고서 틀을 만들 차례다. 다음은 연구대회 보고서를 분석하고 제일 많이 사용한 구조로 틀을 만든 것이다.

단계	핵심 내용
I. 연구의 시작	필요성, 목적, 용어 정의
II. 연구의 준비	이론, 선행 연구, 실태 분석
III. 연구의 설계	대상, 방법, 절차, 연구 전략 구체화
IV. 연구의 실행	과제별 실행 기록
V. 연구의 결론	분석, 검증 , 결론, 제언
부록	교수학습 과정안, 성찰 일지, 참고 문헌, 설문 문항 등

[표 3.3] 연구대회 보고서 기본 구조

내 연구가 가장 잘 드러나는 구조는 머릿속 구상이 아니라, 직접 써 보는 과정에서 완성된다. 일단 작성해 보고, 나중에 연구에 맞게 수정하면 된다. 아래에 연구 보고서 기본 틀을 QR코드로 제공한다. 마음에 드는 틀을 선택해 시작해 보자.

QR코드를 찍으면
연구 보고서 기본 틀 기본틀(한글파일)이 있습니다.
그 파일에 작성해보세요.

같은 5단계 구조지만, 대회마다 강조하는 부분이 다르다. 어디에 분량을 더 할애할지, 어떤 내용을 추가할지 조정해야 한다.

대회	강조점
수업혁신사례 연구대회	**[교-수-평-기 통합 설계 강조]** • IV. 연구의 실행에서 교육과정-수업-평가-기록 통합 서술 • V. 연구의 결론에서 교과 역량 변화를 중심으로 분석
디지털교육 연구대회	**[디지털 도구의 교육적 효과 강조]** • III. 연구의 설계에서 디지털 도구 선정 근거 명시 • IV. 연구의 실행에서 도구 활용 → 학생 변화(학습 변화) 인과 관계 강조 • 부록에 SW/AI 결과물 링크 첨부
인성교육실천사례 연구발표대회	**[지속성과 진정성 강조]** • I. 연구의 시작에서 인성 역량 필요성을 학생 사례 중심으로 • IV. 연구의 실행에서 일상적·지속적 실천 다수 제시 • V. 연구의 결론에서 장기간 변화 추이(3개월, 6개월 비교)

[표 3.4] 연구대회별 강조점

【 Chapter 2 】

보고서 세부 내용 작성

"틀은 잡았는데, 이제 뭘 써야 하죠?"

Chapter 1에서 보고서의 뼈대를 세웠다면, 이제는 각 영역에 어떤 내용을 채울지 구체적으로 살펴볼 차례다. 보고서는 Ⅰ. 연구의 시작부터 Ⅴ. 연구의 결론까지 5개 영역으로 나뉜다. 각 영역에 무엇을 쓸지, 어떻게 쓸지, 얼마나 쓸지가 다르다. 이번 장에서는 아래 표의 연구대회 보고서 기본 구조에 맞춰 각 영역의 작성 방법을 하나씩 살펴본다.

기본 구조	내용 요소
1. 연구의 시작	O1. 연구의 필요성 O2. 연구의 목적 O3. 용어의 정리
2. 연구의 준비	O1. 이론적 배경 O2. 선행 연구 분석 O3. 실태 분석 및 연구 방향 설정
3. 연구의 설계	O1. 연구 대상 및 방법 O2. 연구 절차 및 연구 추진 체계 O3. 연구 실행 과제 설정
4. 연구의 실행	O1. 실천 과제 1 O2. 실천 과제 2 O3. 실천 과제 3
5. 연구의 결론	O1. 결과 분석 O2. 결론 및 제언
6. 부록	O1. 교수학습 과정안 O2. 수업 일지(전문적 학습 공동체 협업 내용) O3. 참고 문헌

[표 3.5] 연구대회 보고서 기본 구조와 내용 요소

1. 연구의 시작

연구의 시작은 이 연구가 어떤 문제에서 출발했는지를 설명하는 보고서의 첫 장이다. 여기서는 연구의 배경과 문제 상황을 제시하고, 왜 지금 이 연구가 필요한지, 무엇을 해결하려는지를 분명히 밝혀야 한다. 연구의 시작은 연구의 필요성, 연구의 목적, 용어의 정의로 구성된다.

01. 연구의 필요성

"이 연구가 왜 필요한가?"를 밝히는 부분이다. 연구의 필요성은 거시적 관점(사회/교육 정책)에서 미시적 관점(학생/교사)으로 이어지며, 이 연구가 필요한 이유를 논리적으로 증명해야 한다.

단계	핵심 내용
1 시대적, 사회적 요구	"세상이 이렇게 급변하고 있다"라는 당위성 제시
2 교육과정, 정책 변화	"국가 수준에서 이런 인재를 원한다"라는 근거 제시
3 학습자 실태	"하지만 우리 학생들은 이런 결핍이 있다"라는 문제 제기
4 교사의 고민 및 결단	"그래서 이 연구가 필요하다"라는 해답 제시

[표 3.6] 연구의 필요성 핵심 내용

가. 시대적 사회적 요구 제시하기

연구 주제와 관련해 지금 사회가 어떻게 변화하고 있는지를 공신력 있는 근거와 수치로 제시하여 거시적 당위성을 확보한다.

- 구체적 수치 및 키워드 제시 (예: 65% 직업 소멸, VUCA 시대, 호모 프롬프트)
- 신뢰할 수 있는 출처 명시 (예: WEF, OECD, UNESCO)
- 연구 주제와의 논리적 연결 (예: AI 시대 → 질문하는 힘 필요)

[시대적 요구 예시] 요즘 학생들은 AI 시대를 살아가야 한다

⇩

4차 산업혁명과 AI·디지털 전환이 가속화되면서 VUCA(변동성·불확실성·복잡성·모호성) 시대가 도래하였다. 세계경제포럼(WEF, 2023)은 2030년까지 현존하는 직업의 65%가 사라질 것으로 전망하며, AI가 정답을 제공하는 시대일수록 인간에게는 질문하는 힘(프롬프트 역량)과 비판적 사고력이 핵심 생존 역량임을 강조하고 있다.

나. 교육과정 및 정책과 연결하기

국가 교육과정 및 교육 정책의 방향과 본 연구가 같은 방향을 지향함을 강조하여 정책적 타당성을 확보한다.

- 연구 주제와 관련된 정책을 선택한다.

  (예: 2022 개정 교육과정, 교육부 업무 계획 등 다양한 출처에서 연구와 가장 관련 깊은 것을 선택)

- 정책의 핵심 키워드와 인재상을 명확히 제시한다.

- 정책 명칭과 출처를 정확히 명시한다.

[교육과정 정책 예시] 학교에서도 AI 교육을 해야 한다

⇩

이러한 시대적 요구에 대응하여 교육부는 [모두를 위한 AI 인재 양성 방안]을 수립하고, [질문 중심 수업과 서·논술형 평가 확대]를 추진하고 있다. 특히 [AI 교육 필수화를 위한 교육과정 개정(~26년 하반기) 및 '질문하는 학교' 200교 이상 운영(26년~)]을 강조하며 [AI 시대에 필요한 질문하는 힘과 비판적 사고력 함양]을 제시하고 있다.

다. 학습자 실태 제시하기

우리 교실 학생들의 실태(부정적 현상)나 학생들이 원하는 것(요구)을 양적·질적 데이터로 드러내어 현장성을 강조한다.

- 학습자 실태: 관찰되는 부정적 현상을 데이터로 제시

- 학습자 요구: 학생들이 원하는 것을 데이터로 제시

- 학생의 생생한 목소리 인용

- 실태만 제시하거나, 요구만 제시하거나, 둘 다 제시 가능

⇩

그러나 [○○초등학교] [5학년] [28명]을 대상으로 [2025]학년도 [1학기] [사회] 수업을 관찰한 결과, [스스로 질문을 만드는 학생은 평균 2명(7.1%)에 불과했다]. 학생의 [81%]가 '[정답만 찾으면 된다]'라고 응답하였으며, 한 학생은 "[선생님, ChatGPT가 다 알려주는데 제가 질문을 만들 필요가 있나요?]"라고 말했다.

라. 교사의 고민 및 결단

앞의 세 단계를 종합하여, 왜 이 연구를 결심했는지 연구의 필요성을 종합하여 보여 주며 연구의 목적으로 자연스럽게 연결된다.

- 앞의 세 단계를 먼저 종합한다.
- 기존 수업의 한계를 작성한다.
- 연구의 해결 방법을 제시한다.
- 연구를 통해 학생들이 어떻게 성장할지 구체적으로 서술한다.

⇩

급변하는 시대 속에서 [질문하는 힘과 학습자 주도성]이 강조되고 있으나, 실제 우리 교실 학생들은 [AI 의존, 질문 부재, 학습 무기력]을 겪고 있다. [에듀테크를 도입해서 학생들의 참여는 증가했지만, 학생들의 질문에 대한 태도는 변하지 않았다]. 이를 해결하기 위해 본 연구는 [SPARK 질문 전략을 활용한 AI 기반 질문 중심 수업 모델]을 개발하여 [질문하는 힘과 비판적 사고력]을 함양한 [자기 주도적 학습자]로 성장하는 데 도움을 주고자 한다.

02. 연구의 목적

연구의 목적은 단순히 '무엇을 할 것인가'를 나열하는 것이 아니라, ① 무엇을 개발할 것인지, ② 어떤 교육적 효과를 확인할 것인지, ③ 학교 현장에서 어떻게 적용·확산할 것인지에 대한 목적을 세우는 부분이다. 연구의 목적을 3단계로 나누면 Ⅳ. 연구의 실행(실천 과제 1·2·3)과 Ⅴ. 연구의 결론이 자연스럽게 연결된다.

가. 교육 프로그램 개발에 대한 목적을 세운다.

첫 번째 연구 목적은 무엇을 개발할 것인가에 대한 목적을 분명히 세운다. 연구자가 인식한 학교 현장의 문제를 바탕으로, 실제 수업과 교육 활동에서 활용 가능한 교육 프로그램, 수업 모형, 교수·학습 자료, 평가 도구 등을 개발하는 것을 목적으로 한다.

 **교육 프로그램 개발에 대한 목적을 작성해 볼까요?**

([개발의 필요성])하기 위한 ([프로그램명/수업 모형명])을 개발한다.

ex) 학생들의 미래 핵심 역량 함양을 위해 SPARK 질문 전략을 활용한 AI 기반 질문 중심 수업 모델을 개발한다.

나. 교육적 효과에 대한 목적을 세운다.

두 번째 연구 목적은 개발한 교육 프로그램의 교육적 효과를 확인하는 것을 목적으로 세운다. 학생의 변화를 확인하는 목적을 제시하는 것으로 함양한다. "향상시킨다."라는 문장이 포함되면 좋다.

 **교육적 효과에 대한 목적을 작성해 볼까요?**

개발한 ([프로그램명])을 적용하여([목표 역량])을 함양한다.

ex) SPARK 질문전략을 활용한 AI기반 질문 중심 수업 모델을 적용하여 학생들의 미래 핵심 역량을 함양한다.

다. 학교 현장 적용 및 확산에 대한 목적을 세운다.

세 번째 연구 목적은 확산 방안을 제시하는 것을 목적으로 세운다. 연구대회의 핵심 목적은 이 연구를 확산하는 데 있으며, 채점 항목에서도 현장 적합성과 확산 가능성이 중요한 평가 기준이다. 개발하고 검증한 프로그램을 우리 학교뿐 아니라 다른 학교에서도 적용할 수 있는가, 교사가 지속적으로 실천 가능한가를 검토해야 한다. 이 부분을 연구 목적에 명시하면 심사 기준인 현장 적합성과 확산 가능성을 충족하게 된다.

 **학교 현장 적용 및 확산에 대한 목적을 작성해 볼까요?**

(**[프로그램명]**)의 학교 현장 적용 및 확산 방안을 제시한다.

ex) SPARK 질문 전략을 활용한 AI기반 질문 중심 수업 모델의 학교 현장 적용 및 확산 방안을 제시한다.

 **연구의 목적을 한 문장으로 만들면?**

연구의 목적(가·나·다)을 한 문장으로 통합할 수도 있다. 분량이 부족하거나 간결하게 제시하고 싶을 때 유용하다.

연구의 목적
본 연구는 (**[목표 역량]**) 함양을 위해 (**[프로그램명]**)을 개발·적용하고, 교육적 효과를 확인하며, 학교 현장 적용 및 확산 방안을 제시하는 데 목적이 있다.

구조: 개발 → 적용 → 효과 확인 → 확산

 **연구의 목적 → 실천 과제 → 결론 연결하기**

연구의 목적을 가·나·다 3단계로 나누면, IV. 연구의 실행(실천 과제 1·2·3)과 V. 연구의 결론이 자연스럽게 연결된다.

연구의 목적	연구의 실행	연구의 결론
[목적 1] 프로그램 개발 목적	[실천 과제 1] 프로그램 설계 및 개발	[결론 1] 개발 결과 정리
[목적 2] 교육적 효과 확인 목적	[실천 과제 2] 프로그램 적용	[결론 2] 교육적 효과 정리
[목적 3] 확산 방안 제시 목적	[실천 과제 3] 일반화 및 확산 방안	[결론 3] 일반화 및 확산 확인

03. 용어의 정리

용어의 정리는 연구에서 사용하는 핵심 용어와 개념을 명확히 정의하는 부분이다. 연구 주제와 관련된 주요 용어, 프로그램명, 핵심 개념 등을 독자(심사위원)가 정확히 이해할 수 있도록 설명한다.

가. 정리할 용어의 선정

연구대회 보고서에서 용어 정의는 연구의 독립변인(원인)과 종속변인(결과)을 중심으로 이루어져야 한다. 다음 세 가지 유형 중 연구에서 가장 중요한 3~4개를 선택하여 정리한다.

유형	설명	예시
개발한 모형 및 전략 (독립변인)	연구자가 새로 만들거나 브랜드화한 교수·학습 전략이나 모형의 이름	SPARK 수업 나배수(나로 배우는 수학)
목표 역량 (종속변인)	연구를 통해 궁극적으로 학생들에게서 향상되기를 기대하는 능력이나 태도	미래 핵심 역량 AI 리터러시 협력적 문제 해결 능력
핵심 교육 요소 (키워드)	연구 제목이나 보고서 전반에서 반복적으로 사용되는 특정 교육 방법론이나 핵심 가치 (선택적으로 정의)	피지컬 AI, 디지털 협업 도구 활용

[표 3.7] 용어 정리에서 정리할 용어 정하기

나. 용어 정리의 핵심

용어의 정리는 2단계로 작성하여 분명하게 의미를 전달해야 한다.

단계	설명
1단계: 연구자의 관점 제시	연구에서 중점적으로 해석한 요소 명시
2단계: 연구 적용 방법 제시	연구에서의 적용 방법, 측정 도구 명시

[표 3.8] 용어 정리의 단계별 작성

작성 예시를 제시하면 다음과 같다.

정리 예시	작성 예시
나배수 **(독립변인** **개발 방법)**	**[연구자의 관점 제시]** 본 연구에서 '나배수'는 '나를 담은 콘텐츠로 배우는 수학'의 약자로, 학생 개인의 사진, 이름, 관심사가 반영된 수학 문제와 학습 자료를 활용하여 개인화된 학습 환경 속에서 수학을 학습하는 수업 방법론을 의미한다. **[연구 적용 방법 제시]** AI 도구(ChatGPT, Canva)로 학생 맞춤형 콘텐츠를 생성하여 학생들의 학습의 흥미를 극대화하였다.
DATA 단계 **(독립변인** **수업 모형)**	**[연구자의 관점]** 본 연구에서 'D.A.T.A. 단계'는 Discover(발견), Analyze(분석), Think(사고), Act(실천)의 약자로, 일상 속 수학 문제를 발견하고, 데이터를 수집·분석하며, 수학적으로 사고하여 해결 방안을 실천하는 4단계 프로젝트형 수업 모형을 의미한다. **[연구 적용 방법]** 수학 교과 수업에 적용하며, 프로젝트 결과물 평가 루브릭과 수학적 문제 해결력 검사를 통해 효과를 확인한다.
GOLDEN **역량** **(종속변인** **결과)**	**[연구자의 관점]** 본 연구에서 GOLDEN 역량은 Generative(창의적 사고), Objective(비판적 사고), Logical(문제 해결), Dialogue(의사소통), Evidence-based(정보 활용), Navigating(자기 주도)의 약자로, 나배수 수업을 통해 학생에게서 신장되는 미래 시민의 핵심 역량을 의미한다. **[연구 적용 방법]** KEDI 학생 역량 검사 도구를 활용한 사전-사후 검사와 학생 자기 평가지를 통해 역량 변화를 확인한다.

[표 3.9] 용어 정리 예시

2. 연구의 준비

연구의 준비는 이 연구가 단순한 아이디어 제안이 아니라 학술적 이론과 교육 정책에 근거한 타당한 해결 방안임을 증명하는 부분이다. 이 단계를 통해 "이 연구는 현재 교육의 흐름을 정확히 이해하고 있다."라는 신뢰를 줄 수 있다.

01. 이론적 배경

이론적 배경은 이 연구가 현 시대의 교육 흐름과 기존 학술 연구에 기반하여 설계되었음을 보여 주는 부분이다. 단순히 이론을 나열하는 것이 아니라, 이 수업의 정당성을 확보하고 모형의 논리적 뼈대를 구축하며 현장 적용의 시사점을 도출하는 것이 목적이다.

가. 이론적 배경 구성 요소

구성 요소	내용	역할
거시적 교육 환경 및 정책	2022 개정 교육과정, OECD 2030 등	'왜 이 연구가 필요한가?'에 대한 타당성 제시
종속변인의 이론적 근거	목표 역량(미래 핵심 역량, AI 리터러시 등)	'무엇을 기를 것인가?'에 대한 이론적 근거
수업 모형 전략의 학술적 근거	CBI, PBL, SEL, 하이테크 하이터치 등	'어떻게 기를 것인가?'에 대한 논리적 명확성

[표 3.10] 이론적 배경에 포함될 내용

나. 이론적 배경 작성

이론적 배경은 **[이론 핵심 내용]** + **[본 연구의 적용]**으로 서술한다.

- 이론 핵심 내용(2~3줄) : 핵심 개념만 간결하게 제시, 출처 명시
- 본 연구의 적용 : 핵심 내용에 대한 연구의 구체적 적용 방안을 1~2문장으로 제시

이론 예시	서술 예시
2022 개정 교육과정	2022 개정 교육과정은 포용성과 창의성을 갖춘 주도적인 사람을 미래 인재상으로 제시하며, 단순 지식 암기를 넘어 핵심 개념과 원리를 중심으로 지식을 연결하고 새로운 상황에 적용하는 깊이 있는 학습과 학습자 주도성을 강조한다(교육부, 2022). 따라서 본 연구에서 개발한 'SPARK 질문 전략'은 학생이 스스로 질문을 생성하고(Probe), 질문을 분석하며(Analyze), 질문을 정교화하는(Refine) 과정을 통해 학습자 주도성과 깊이 있는 학습을 실현한다.
PBL	Thomas(2000)의 프로젝트 기반 학습은 실제 문제 상황을 탐구하고 해결하는 과정에서 학생의 비판적 사고력과 문제 해결력을 기른다. PBL은 학생이 수동적 학습자가 아닌 능동적 문제 해결자로 성장하도록 돕는다. 따라서 본 연구에서는 학생이 실생활 속 문제를 발견하고 질문을 생성하며, AI 도구와 또래 협력을 통해 문제를 탐구하고 해결 방안을 제시하는 프로젝트 활동을 설계하였다.

[표 3.11] 이론적 배경 작성 예시

연구대회 보고서는 분량 제한이 있어 표 형태로 제시하기도 한다.

이론 예시	핵심 내용	본 연구의 적용
2022 개정 교육과정 (교육부, 2022)	• 깊이 있는 학습 • 학습자 주도성	• SPARK 수업 모형에 학생 주도 탐구 단계 반영 • 질문 생성 - 분석 - 정교화 과정으로 학습자 주도성 구현
프로젝트 기반 학습 (PBL) (Thomas, 2000)	• 실제 문제 해결 • 학생 주도 탐구	• 학생이 실생활 문제를 발견하고 질문 생성 • AI 도구와 또래 협력으로 문제 탐구 및 해결 방안 제시

[표 3.12] 이론적 배경 표 형태 정리 예시

02. 선행 연구 분석

선행 연구 분석은 이미 발표된 다른 연구와의 차별성을 명확히 하고, 개발한 연구 방법(모형)의 논리적 타당성을 확보하는 핵심 단계이다. 기존 연구의 시사점은 내 연구에 적용하고, 한계점은 개발 모형으로 극복함으로써 연구의 필요성을 증명한다. 선행 연구는 3~4개를 선정하고, 연구의 핵심 내용과 본 연구의 차별화 전략을 명확히 대비하여 제시하는 것이 효과적이다. 아래는 작성 예시이다.

선행 연구	설명 (주요 내용 및 한계점)	본 연구의 적용 및 차별성
PBL 기반 STEAM 융합 교육 연구 (ooo, 2023)	• PBL이 문제 해결력 향상에 효과적임을 입증했으나, 교사 주도 문제를 사용함.	• 교사 주도 문제를 나를 담은 콘텐츠로 대체하여 자기 주도성을 높임.
수학 교육에서의 개인화 학습 콘텐츠 활용 연구 (ooo, 2022)	• 개인화 콘텐츠 제공이 학업 성취도와 동기 증진에 효과적임을 밝힘. 콘텐츠 활용이 단순 연습에 그쳐 고등 사고력 연계가 미흡했음.	• 단순 연습을 넘어 SPARK 모형을 통해 탐구 중심의 고등 사고력 향상으로 발전시킴.

[표 3.13] 선행 연구 분석 작성 예시

03. 실태 분석 및 연구 방향 설정

실태 분석은 연구 대상의 현재 상황을 파악하고 세부 연구 방향을 설정하는 사전 작업이다. 이는 학생들이 겪는 문제점(예: 부족한 부분)을 해결하기 위한 교육적 지원을 파악하고, 연구 대상 학생들의 현재 상태를 객관적으로 파악할 수 있는 다양한 자료와 데이터를 수집 및 분석하는 과정이다.

실태 분석을 통해 얻은 객관적 자료는 연구의 필요성을 입증하고, 연구 목표를 현장에 가장 적합한 방향으로 구체화하는 근거가 된다.

가. 어떤 분석을 해야 하는가?

구분	분석 항목	활용 가능 자료
학생 실태 분석	연구의 출발점인 문제 분석과 학생들의 준비도를 파악	사전 검사 결과, 교사 면담, 학생 면담, 설문조사 등
현장 환경 분석	연구 실행에 필요한 자원과 연구를 방해하는 외부 요인 파악	디지털 기기 및 인프라 현황, 예산, 전문적 교원 학습 공동체 등

[표 3.14] 선행 연구 분석 항목

나. SWOT 분석을 통한 연구 방향 설정

SWOT 분석은 실태 분석에서 가장 많이 사용되는 분석으로 내부 환경(강점, 약점)과 외부 환경(기회/위협)을 분석한다.

강점(S)		약점(W)	
학생의 강점(실태 분석 결과) 환경 현장의 강점 교내 연구 분위기 우수		학생의 약점(실태 분석 결과) 특정 역량 부족, 현장 환경의 약점 수업 시수 부족 등	
기회(O)		**위기(T)**	
학교 차원의 지원 교육부 정책 방향과의 일치		학부모의 성적 민원 학생들의 협력 경험 부재 교과와의 연계 부족	
SO 전략	**ST 전략**	**WO 전략**	**WT 전략**
연구 환경의 긍정적인 요소와 함께 학생 강점 발휘할 수 있는 전략	학생 강점을 이용해 환경의 부정적인 요소 없앨 수 있는 전략	연구 환경의 긍정적인 요소로 학생 약점 보완할 수 있는 전략	연구 환경의 부정적인 영향을 축소하고 학생의 약점을 보완할 수 있는 전략

강점, 약점, 기회, 위기의 분석 내용으로 연구 방향을 설정할 수 있다.

연구 방향 설정

전략들을 종합적으로 반영하여, 강점과 기회 요소를 최대한 활용하고 약점과 위협 요소를 극복하는 전략으로 연구의 최종 방향을 설정하고 이를 구체적인 실천 과제로 연결한다.

[표 3.15] SWOT 분석을 활용한 연구 방향 설정 예시

3. 연구의 설계

연구의 설계는 앞서 설정한 연구의 목적과 실천 과제를 달성하기 위해 구체적으로 어떤 방법과 일정으로 연구를 진행할지 계획하는 것이다.

01. 연구 대상 및 방법

가. 연구 대상

연구 대상은 연구의 결과를 가장 효과적으로 검증할 수 있는 당해 연도에 연구자가 담당하는 학생들을 대상으로 선정한다.

나. 연구 방법

연구대회에서는 보통 혼합 연구 방법을 활용하여 효과성을 검증한다.

구분	내용
양적 방법	• 사전 - 사후 통계 분석을 위해 연구 전후의 데이터를 수집한다. • 학생들의 역량 변화를 객관적인 수치로 측정하는 것이 주된 목적이다. • 대응 표본 t - 검정 등으로 통계적 유의미성을 검증한다.
질적 방법	• 인터뷰, 심층 면담, 관찰, 학생 산출물 등을 활용해 학생들의 개별적인 경험과 심층적인 변화를 파악한다.

[표 3.16] 양적 방법과 질적 방법의 이해

측정 도구 활용 시 개인이 제작한 설문 도구는 타당도 문제가 발생할 수 있으므로, 이미 검증된 표준화 도구를 활용해야 한다. 하지만 표준화 도구는 대부분 문항 수가 많기 때문에 학생의 집중력 저하 및 시간 소요에 문제가 있다. 따라서 연구대회 보고서에서는 표준화 도구를 기반으로 본 연구의 목적에 맞게 재구성하되, 전문적 학습 공동체 또는 같은 교과 선생님들의 검토를 거쳐 타당도를 확보하는 것이 좋다.

QR 코드를 찍으면
가장 많이 사용하는 양적 도구 모음으로 연결됩니다.

양적 방법의 검증 도구 재구성 타당도 확보 방법

① 표준화 도구 기반 문항 선별
② 수정이 필요하다면 최소 수정(나이에 맞는 표현이나 예시)
③ 동교과 교사 5인 이상 타당도 검토
④ 결과 명시(본문에 검토 결과 명시, 부족하면 간결하게 제시)
　예시) 동교과 교사 5인 이상의 타당도 검토를 통해 기준 이상 타당도를 확보하였다.

02. 연구 절차 및 추진 체계

　연구 절차 및 추진 체계는 연구의 전체 흐름을 시간 순서에 따라 체계적으로 제시하는 부분이다. 연구 계획부터 연구 검증 및 정리 까지 연구의 전체 흐름을 한눈에 보여 준다.

　연구대회 보고서에서는 대상, 기간, 도구, 방법, 절차를 하나의 표로 통합하여 간결하게 제시한다.

연구 대상	• 연구를 진행하려는 대상
연구 기간	• 당해연도. 2.1. ~ 차년도. 2. 28.
측정 도구	**많이 사용하는 측정도구** • 정보화 연구대회: AI 리터러시, 디지털 리터러시 • 인성교육실천사례연구대회: KEDI 인성검사 • 수업혁신사례연구대회 : KEDI 학생 역량 조사 연구
검사 방법 및 해석	• 양적 검증: 5단계 리커트 척도 사전, 사후 검사 결과 비교 • 질적 검증: 의견 조사지, 개인 인터뷰 내용 분석

연구절차 및 연구내용		2	3	4	5	6	7	8	9	10	11	12	1
연구 계획	문헌 연구 및 선행 연구 분석	■	■										
연구 계획	교육과정 분석, 주제 선정		■										
연구 계획	실태 조사 및 실천 계획 수립		■										
연구 실행	연구 목적 1의 실행		■	■	■								
연구 실행	연구 목적 2의 실행				■	■	■	■	■	■	■	■	■
연구 실행	연구 목적 3의 실행						■	■	■	■	■	■	■
검증	연구 결과 검증, 정리						■	■					
결론	연구 결론 및 제언							■					
보고서	보고서 작성				■	■	■	■					

[표 3.17] 연구 절차 및 시기별 표 정리

공동 연구로 진행할 경우, 연구 추진 체계는 각 구성원의 역할을 명확히 제시하여 연구 진행의 효율성과 책임 소재를 명백히 해야 한다.

공동 연구 업무 체계 서술 예시	
연구자 A	선행 연구 고찰, 에듀테크 활용 방안 연구, 역량 및 콘텐츠 분석, 연구 검증 및 자료 분석, 학생 역량 검증 정리
연구자 B	2022 개정 교육과정 분석 및 관련 이론 탐색, 생태 전환 교육 프로그램 구상, 토의·토론 기법 연구, 교수학습 과정안 정리

[표 3.18] 공동 연구 서술 예시

03. 실천 과제 선정

연구 실천 과제는 연구의 목적을 달성하기 위한 구체적인 행동 목표이다. 이 과제들은 보고서 본문(IV. 연구의 실행)의 대단원 목차가 되며, 각 과제 아래의 세부 과제는 소단원 목차가 된다.

가. 연구 목적에 대응하는 실천 과제 구성

연구대회 보고서에서 가장 많이 사용되는 실천 과제 구성은 '기반 조성(개발) → 적용 및 운영(실행) → 일반화(확산)'의 3단계 흐름이다.

구분	단계명	핵심 내용 및 키워드	대응 연구 목적
과제 1	기반 조성 및 개발	• 환경 조성 • 역량 강화 • 교육과정 분석 • 모형 및 전략 개발	프로그램 개발
과제 2	적용 및 운영	• 차시별 수업 적용 • 산출물 제작	교육적 효과 확인
과제 3	일반화 및 확산	• 교내외 성과 공유, 전시 • 교과 융합 및 범교과 확장 • 지역사회 연계 및 실천	확산 가능성 탐색

[표 3.19] 연구대회에서 가장 많이 활용되는 실천 과제 구성

나. 실천 과제 작성의 실제

각 실천 과제의 세부 과제의 개수는 2~3개가 적당하다. 너무 많으면 보고서가 산만해질 수 있으니, 핵심 활동 위주로 그룹화하여 목차를 구성하는 것이 좋다.

실천 과제 1 **모형, 전략 자료 개발**	실천 과제 2 **적용 및 운영**	실천 과제 3 **일반화 및 확산방안**
❶ 환경 및 기반조성 ❷ 교육과정 분석 ❸ 수업 모형 및 전략 개발	❶ 교육과정 재구성 및 수업 적용 개관 ❷ 수업 적용 ❸ 과정중심 평가 및 피드백 운영	❶ 전문적 학습 공동체 연구 성과 공유 ❷ 일반화를 위한 노력 ❸ 연구 확산을 위한 노력

[표 3.20] 실천 과제 그룹화

4. 연구의 실행

연구의 실행은 선정한 실천 과제 1,2,3의 실행 과정을 순서대로 서술하는 장이다. 각 실천 과제는 '개발 → 적용 → 확산'의 흐름을 따르며 이는 곧 소단원의 목차가 된다.

01. 실천 과제 1

첫 번째 과제는 연구를 위한 준비 과정이다. 연구의 핵심인 모형을 만들고, 수업에 필요한 자료를 개발하는 내용을 담는다.

구분	내용
환경 및 기반 조성	• 연구 수행하기 위한 환경 조성(오프라인, 온라인) • 교사 역량 개발(연수, 전문적 학습 공동체, 선도교사 등)
교육과정 분석	• 적용 학년 성취 기준 분석 및 핵심 역량 도출 • 교육과정 재구성을 통한 단원 구성의 논리적 타당성 제시
수업 모형 및 전략 개발	• 수업 모형 구체화(단계별 교사, 학생 활동 구체화) • 전략 구체화(AI 도구 활용, 협력, 성찰 전략 등)

[표 3.21] 연구 준비과정 실천과제 작성 내용

02. 실천 과제 2

두 번째 과제는 개발된 수업 모형을 실제 연구 대상에게 적용하여 연구 목적 2(교육적 효과 확인)를 달성하기 위한 구체적인 실행 과정을 서술하는 부분이다.

구분	내용
교육과정 재구성 및 수업 적용 개관	• 프로그램 적용 전, 연구 대상 학년의 교육과정을 연구 목적에 맞게 조정한 내용 제시 • 교육과정과 수업 구성의 개괄적 설명
수업 적용	• 차시별 목표, 성취 기준, 주요 활동, 학생활동 및 결과물을 사진과 함께 상세하게 제시 • 교-수-평-기 일체화 내용 제시
과정 중심 평가 및 피드백 운영	• 진단 평가, 형성 평가, 동료 평가(루브릭 등), 자기 평가(학습 일지, 성찰 일지 등) 제시 • 교사의 구체적 피드백 제시

[표 3.22] 교육적 효과 확인을 위한 실천과제 작성 내용

03. 실천 과제 3

세 번째 과제는 개발된 수업 모형과 연구 결과를 학교 현장 전반으로 확산하여 연구 목적 3(학교 현장 적용 및 확산 방안 제시)을 달성하기 위한 구체적인 실행 과정을 서술하는 부분이다.

구분	내용
전문적 학습 공동체 성과 공유	• 수평적(같은 학년) 공동체: 학생 맞춤 교육 실현 • 수직적(같은 교과) 공동체: 교육과정 재구성 • 교외 전문적 학습 공동체: 일반화 가능성 검토
연구 일반화 노력	• 융합 수업 실천: 교과 융합 수업 • 삶의 공간으로 확장하는 배움: 가정 연계, 지역 연계 • 누구나 사용할 수 있는 범용 자료 제작: 홈페이지 형태의 수업 자료, 매뉴얼화 등
연구 확산을 위한 노력	• 교사를 위한 공유: KERIS 수업의숲, 인디스쿨, 티클리어 등에 탑재 • 교육 공동체 소통: 학교 소식, 기사 작성 • 경험의 나눔: 수업 공개, 직무연수, 우수 사례 발표, 연수 강사 활동

[표 3.23] 학교 현장 적용 및 확산 방안 실천과제 작성 내용

5. 연구의 결론

연구의 결론은 앞선 '실천 과제'의 실행을 통해 얻어진 데이터를 분석하여 연구의 효과를 객관적으로 입증하고, 연구의 최종적인 성과를 요약하는 장이다. 이 장은 크게 결과 분석(검증), 결론, 제언의 세 부분으로 구성된다.

01. 결과 분석 및 검증

연구가 단순히 '좋았다'는 감상에 그치지 않고, 교육적으로 유의미한 효과가 있었음을 양적·질적 데이터를 통해 증명한다.

가. 양적 검증

사전·사후 검사 결과를 비교하여 학생들의 역량이 통계적으로 유의미하게 향상되었음을 보여 준다.

양적 검증	설명
통계적 검증 활용	• 많은 선생님이 T-검증과 같은 복잡한 통계에 부담을 느끼지만, 필수는 아니다. 사전 검사와 사후 검사의 평균 점수 변화를 보여 주는 것만으로도 충분히 설득력이 있다. **TIP** T-검증을 활용하면 더 전문적인 결괏값을 얻을 수 있지만, 이를 활용하지 않았다고 해서 입상하지 못하는 것은 아니다. 공신력 있는 검사 도구를 활용하여 유의미한 데이터를 얻는 것이 더 중요하다.
시각적 제시	• 복잡한 표보다는 막대그래프나 꺾은선그래프를 활용하여, 막대의 높이 차이로 성장을 시각적으로 보여 주는 것이 효과적이긴 하지만, 분량 제한이라면 표로 정리해서 상승량을 한 번 더 작성해 주면 좋다.

[표 3.24] 양적 연구의 기본 방법

나. 질적 검증

수치로 측정하기 어려운 학생들의 태도, 흥미, 가치관의 변화는 질적 자료를 통해 보완한다.

연구의 양적 검증과 질적 검증에 대해 보고서 서술은 다음과 같다. 먼저 표로 설명과 증거를 제시하고, 서술로 부연 설명을 한다.

구분	설명	증거
양적 검증	사전–사후 점수 비교	참여도 +20%, 문해력 평균 3.1 → 4.2
질적 검증	인터뷰·작품·성찰 일지	학생 발화, 활동지 변화

[작성 예시]

- (정량) [고등학교 - 사회] 프로젝트 후 정보 리터러시 역량에 대한 긍정적 응답 비율이 사전 검사 대비 1.2점 증가하였으며, 의사소통 역량은 2.5전 증가하여 유의미한 향상을 보였다.

- (정량) [초등학교 - 체육] 프로젝트 실행 후 비만 학생의 65%가 과체중 단계로 개선되었으며, 4~5등급 학생 비율이 75%에서 25%로 크게 감소하여 운동 수행 능력이 향상되었다.

- (정성) [고등학교 - 국어] 작가와의 대화 활동을 통해 논문 자료를 처음 접했을 때 어려운 전문 용어로 인해 내용 이해에 어려움을 겪었으나, 이를 극복하기 위해 필요한 부분만 선택적으로 읽는 독서법을 익히는 계기가 되었다.

- (정성) [중학교 - 기술] 스파게티 다리 제작 전 사각형이 가장 튼튼할 것이라고 예상했으나 실제로는 삼각형 구조가 더 튼튼하다는 사실을 깨닫고 놀랐으며, 이를 계기로 일상 속 다리 구조물을 볼 때마다 트러스 구조가 쓰였는지 찾아보는 실생활 연계적 사고를 하게 되었다.

[표 3.25] 질적 검증 작성 방법

02. 결론

분석된 결과를 바탕으로 연구의 목적 달성 여부를 최종적으로 선언한다. 가장 논리적인 구성은 연구 목적 3가지에 대응하여 결론 3가지를 도출하는 것이다.

구분	작성 실제
결론 1 (타당성)	첫째, 2022 개정 교육과정 분석과 [이론명]을 기반으로 설계된 [모델명]은 전문가 검증을 통해 현장 중심의 수업 혁신 모델로서의 타당성을 확보하였다. (목적 1과 대응)
결론 2 (효과성)	둘째, 수업 적용 결과 학생들의 미래 핵심 역량 평균이 사전 O.O에서 사후 O.O으로 향상되어 교육적 효과가 확인되었다. (목적 2와 대응)
결론 3 (확산성)	셋째, 타 교과 융합 및 온라인 자료 공유를 통해 연구의 성과를 일반화하였으며, 이는 교사 공동체의 동반 성장을 이끄는 확산의 가치를 증명하였다.(목적 3과 대응)

[표 3.26] 연구 목적에 따른 결론 작성

03. 제언

완벽한 연구는 없다. 본 연구에서 미처 다루지 못한 한계점을 인정하고, 이를 바탕으로 후속 연구나 교육 정책에 대해 제언해야 한다.

구분	설명
연구의 한계점	연구 대상이나 기간의 제한으로 인해 결과를 일반화하는 데 있을 수 있는 한계를 언급
후속 연구 및 정책 제언	"향후 연구에서는 더 다양한 학년을 대상으로 한 효과 검증이 필요하다"거나, "이러한 수업 혁신이 지속되기 위해서는 교사 학습 공동체에 대한 행·재정적 지원이 필요하다"라는 식의 발전적인 제안을 작성

[표 3.27] 제언 작성 방법

6. 부록

부록은 본문의 연구 내용이 실제 현장에서 충실히 이행되었음을 증명하는 자료를 수록하는 곳이다. 연구의 핵심 전략과 고민의 과정이 잘 드러나도록 선별하여 제시해야 한다.

01. 교수·학습 과정안(수업 지도안)

연구 모형이 실제 수업에서 어떻게 구현되는지를 보여 주는 가장 중요한 자료이다. 모든 차시의 지도안을 다 넣을 필요는 없으며, 연구의 성격을 가장 잘 보여 주는 2개 정도의 핵심 지도안을 선별하여 싣는 것이 효과적이다.(수업혁신사례연구대회라면 동영상 촬영 차시를 포함)

02. 수업 일지(성찰과 개선의 기록)

수업 일지는 연구 기간 연구자가 겪은 시행착오와 이를 극복해 나가는 과정을 보여 주는 성장의 기록이다. 단순히 "수업을 잘했다"라는 성과 중심 기록이 아니라, 예상치 못한 문제를 어떻게 해결했는지에 초점을 맞출 때 진정성을 얻을 수 있다.

구분	설명
문제 해결 중심 기록	• 수업 중 발생한 예상 밖의 상황과 그 상황을 해결하기 위한 노력을 구체적으로 서술 예) 학생들의 이해도 부족, 활동 시간 부족 등
전문적 학습 공동체를 통한 협력적 해결	• 수업 개선이 연구자 개인의 판단만으로 이루어진 것이 아니라, 동료 교사들과의 협의와 집단지성을 통해 이루어졌음을 명시

[표 3.28] 성찰과 개선의 기록

03. 참고 문헌

본문에서 인용하거나 언급한 자료는 반드시 참고 문헌 목록에 있어야 한다. 저자명, 발행 연도, 논문(책) 제목, 출판사 등 서지 정보를 빠짐없이 정확하게 기재해야 하며, 인용 스타일(APA 스타일, 시카고 스타일 등) 중 하나를 선택했다면 처음부터 끝까지 동일한 형식을 유지해야 한다.

 **대회별 페이지 구성 및 부록 비교**

수업혁신 사례	디지털	인성교육 실천사례
요약 1+본문 부록 24p	요약 5+본문 20+부록 10p	요약 2 + 본문 부록 20p
부록 구성		
• 부록 내용 • 교수·학습 과정안 2개 　(동영상 차시 필수 포함) • 수업 일지 • 참고 문헌	• 부록 내용 • 교수·학습 과정안 • 수업 일지 • 데이터 • 참고 문헌	• 부록 • 참고 문헌

7. 요약서

요약서는 연구대회 보고서의 얼굴이자 예고편이다. 본문 내용을 단순히 줄여서 텍스트로 채워 넣는 것이 아니라, 한눈에 연구의 전체 흐름과 핵심을 파악할 수 있도록 구성해야 한다. 1등급 보고서의 요약서는 줄글이 아닌 시각적 구조와 도식으로 말한다.

줄글 나열형 요약서

연구 내용

[표1] AI와 에듀테크를 활용하여 미래형 교육환경의 변화에 맞춘 교육과정을 설계한다.

[구과제1] 밋업(MEET-UP) 교육과정 설계

교육과정과 수업 혁신 두 마리의 토끼를 잡은 MEET-UP 교육과정 설계!

MEET] : 자기주도학습으로 개인역량 함양 / [UP] : 모둠, 협력적 문제해결 프로젝트 진행

학교교육과정분석 : 역점 교육과정 이해, 학교 특색 사업 이해, 학교 학습 환경 분석

학습자 분석 : 학습자 이해, AI·에듀테크 활용점검

교육과정재구성 : 성취기준 재구성

MEET-UP교육과정 설계 : AI·에듀테크 활용, 과정중심평가(교-수-평-기 일체화노력)

▼

[표2] 학습자의 능동적참여를 이끌어내고 협력적으로 문제를 해결 할 수 있는 모형을 개발한다.

[구과제2] WISE 수업 모형 및 수업 전략 수립

WISE 수업 모형과 수업 전략으로 협력적 문제해결 프로젝트 성공률을 높이자!

orth : 문제가치찾기 / [I]ntelligence : 개인, 집단지성 / [S]olve : 문제해결, 제작 / [E]xhibit : 작품 전시, 발표

WISE 수업모형 : WISE 단계 설정, 단계별 핵심역량 설정

능동적 수업 참여 활성화 전략 : 능동적 참여 수업자료, 스캐폴딩, 피드백 전략설정

단계별 내용 선정 : 단계별 주요활동 및 내용, 단계별 과정중심평가, AI·에듀테크 계획

▼

[표3] 교육 과정과 수업 모형을 교육현장에 적용하여 학생들의 미래핵심역량을 함양시킨다.

[구과제3] 미래핵심역량 함양을 위한 밋업(MEET-UP)-WISE 프로젝트 적용

노벨엔지니어링 프로젝트 : 동화를 통해 정보통신기술에 쉽게 접근하고, 인문학적인 요소를 더한 따뜻한 인공지능 기술로 동화 속 문제 상황을 해결한다.

데이터기반 에너지&수송기술 혁신프로젝트 : 실제 데이터를 기반 에너지와 수송기술을 학습하고 수송기술의 문제상황을 찾아 해결 아이디어를 담은 프로토타입을 제작한다.

구조 시각화형 요약서

연구 내용

1. 하이테크(AI·에듀테크)를 활용하여 미래형 교육환경의 변화에 맞춘 **밋업(MEET-UP) 교육과정**을 설계하고 적용 가능성을 탐색한다.
2. 밋업 교육과정에 적용할 수 있는 **WISE 프로젝트 학습모형**을 개발하고 하이터치 전략을 수립한다.
3. 밋업(MEET-UP) 교육과정과 WISE 프로젝트 학습 모형을 현장에 적용하여 **학생들의 미래핵심역량을 함양**시킨다.

← MEET 교육과정 적용 →		← UP 교육과정 적용 →	
Worth	**I**ntelligence	**S**olution	**E**xhibition
문제의 가치찾기	지능활용 -> 계획, 설계	문제해결	전시 및 공유
문제의 중요성을 깨닫고 해결의 필요성을 인식한다.	문제 해결을 위해 개인 지능을 발전시키고 집단 지성을 사용해 계획하고 설계한다.	계획에 따라 문제 해결을 위한 결과물을 제작한다.	결과물을 디지털화하여 전시하고, 학습 성과를 공유한다.

단계 / 활동

▼ ✋ 하이터치전략 ✋ ▼

학생참여 유도	학생 자기주도학습을 위한 지원	학생 수준별 맞춤형 지원
능동적 수업 참여 자료	스캐폴딩[개념, 절차, 메타인지]	피드백[과제, 과정, 자기조절]

▼ 🖳 하이테크(AI·에듀테크) 적용 프로젝트 🖳 ▼

노벨엔지니어링 프로젝트	데이터기반 에너지와 수송기술 혁신프로젝트

[표 3.29] 요약서 비교

8. 공동 연구 시 보고서 작성 Tip

공동 연구는 '함께했다'가 아니라 '혼자서는 왜 어려웠는가'를 먼저 쓰면 설득력이 생긴다. 개인 연구가 교실 안에서의 문제 해결에 초점을 둔다면, 공동 연구는 구조적이고 지역적 한계를 넘기 위한 설계 전략이다.

01. 연구의 필요성은 '한계 → 연계' 구조로 서술한다

- **소규모 학교의 구조적 한계**: 학생 수가 적어 상호 작용과 협력 학습이 제한되는 환경에서는 '학교 간 연계'가 선택이 아니라 대안이 된다.
- **전문성 시너지의 필요**: 사회 정서 교육, 토의·토론, 에듀테크, 자료 분석 등 서로 다른 전문성이 결합되어야만 설계 가능한 모델이 존재한다.
- **환경의 확장**: 도시와 농촌 등 서로 다른 생활 환경이 만나야 탐구 주제와 자료의 범위가 확장되고, 비교와 분석이 가능한 연구가 이루어진다.

> **[보고서 문장]**
>
> 단일 교실에서 구현하기 어려운 학습 경험을 제공하기 위해, 학교 간 연계를 연구의 전제 조건으로 설정하였다.

02. 연구의 목적은 '공동 교육과정 수립'에 있다

개인 연구는 특정 교사의 수업 모델 구안에 초점을 두는 경우가 많다면, 공동 연구는 '공동 교육과정' 자체를 목적에 둘 수 있다. 따라서 보고서에서는 다음의 두 축을 분명히 설정할 필요가 있다.

- 교류형 수업(공동 참여): 서로 다른 학교의 학생들이 함께 참여하는 수업 구조를 설계하여 공동체 의식과 상호 이해를 촉진한다.
- 확산과 연대: 연구 결과를 단일 교실에 머무르게 하지 않고, 지역 및 인근 학교로 확장하는 것을 최종 지향점으로 설정한다.

> **[보고서 문장]**
>
> 본 공동 연구의 목적은 개별 수업 모형 제시에 그치지 않고, 학교 간 공동 교육과정 구축을 통해 학생들의 배움의 범위를 확장하는 데 있다.

03. 역할 분담은 '연구 신뢰도'로 연결된다

공동 연구의 보고서 설득력은 역할 분담이 얼마나 명확하게 제시되었는지에 따라 결정된다. 단순히 "함께했다"가 아니라, 각 연구자의 전문 분야에 따른 분업 구조를 연구의 타당성과 연결해야 한다.

[역할 분담 예시]
- **연구자 A**: 에듀테크 활용 설계, 자료 수집 및 분석, 디지털 도구 운영
- **연구자 B**: 교육과정 재구성, 토의·토론(또는 SEL) 설계, 수업 구조 설계
- **공동**: 월별 협의 운영, 수업 결과 공유, 수정·보완에 대한 의사 결정

공동 연구의 운영 체계는 개인 연구의 '교사 성찰 중심' 구조와 다르다. 공동 연구에서는 협의-적용-교차 검증-수정의 순환 구조가 핵심이다.

[보고서 문장]

공동 연구는 역할 분담을 통해 연구 과정의 전문성을 강화하고, 상호 검증 구조를 마련함으로써 실행 타당도와 재현 가능성을 높였다.

04. 공동 연구의 차별점은 세 문장으로 압축해 결론에 제시한다

보고서 마지막 부분(소결/의의/확산 가능성)에서는 공동 연구의 차별점을 세 문장으로 압축하여 제시하는 것이 효과적이다. 아래의 세 문장을 '공동 연구의 핵심 가치'로 고정해 두면, 심사위원이 연구의 의의를 한눈에 이해할 수 있다.

- 공간적 범위: 개인 연구가 '교실 안'의 변화를 다룬다면, 공동 연구는 '학교와 학교 사이'를 연결하는 학습 생태계를 구축한다.
- 도구의 역할: 디지털 도구는 단순한 보조 수단이 아니라, 거리와 환경의 차이를 연결하는 필수적인 통로(화상 수업 등)로 기능한다.
- 지속 가능성: 공동 연구는 특정 교사의 역량에 의존하기보다, 공동 검증을 통해 시스템화된 교육과정 모델로 정리되어 지속 가능성이 높다.

Chapter 3

잘 읽히는 보고서 만들기

"내용은 다 썼는데,
어떻게 다듬어야 하죠?"

보고서 작성의 마지막 단계는 분량 조정, 디자인, 자료 관리다. 아무리 좋은 내용이라도 분량이 넘치거나 읽기 불편하면 제대로 평가받지 못한다. 이 장에서는 보고서를 완성도 있게 다듬는 실전 방법을 제시한다.

1. 분량 조절

연구대회 보고서는 대부분 페이지 제한이 있다. 내용을 다 작성한 후에는 규정 페이지에 맞춰 효율적으로 압축하는 작업이 필요하다. 이때 중요한 것은 핵심 내용은 유지하면서도 지면을 절약하는 것이다.

01. 문장 압축

긴 줄글 대신 핵심 키워드와 명사형 표현으로 압축한다. 이는 단순히 글자 수를 줄이는 것이 아니라, '대상(What)'과 '핵심 행동(Action)'을 명사형으로 결합하는 것이 핵심이다.

가. 명사형 접미사 사용

단계	명사	의미와 적용 예시
기반 조성	조성	환경이나 기반을 만들 때 사용 ex) 배움 환경 조성, 디지털 환경 조성
	구축	시스템이나 인프라를 마련할 때 ex) 스마트 환경 구축, 온라인 플랫폼 구축
	강화	교사나 학생의 역량을 높일 때 ex) 교사 역량 강화, 연구 역량 강화
	정비	기존 시설이나 환경을 개선할 때 ex) 시설 정비, 무선망 정비

단계	명사	의미와 적용 예시
설계 분석	분석	실태나 교육과정을 파악할 때 ex) 교육과정 분석, 학습자 분석
	재구성 재구조화	국가 교육과정을 연구 주제에 맞게 고칠 때 ex) 교육과정 재구성, 성취 기준 재구조화
	구안 개발	새로운 모델이나 전략을 직접 고안했을 때 ex) 프로젝트 모형 개발, 수업 모델 구안
	설계	전체적인 활동의 계획을 세울 때 ex) 프로젝트 설계, 단원 설계
실행 적용	실행	과제를 실제로 수행할 때 ex) 프로젝트 실행, 실천 과제 실행
	적용	개발한 모형을 현장에 대입할 때 ex) 프로젝트 적용, 모델 적용
	수행	학생이 과제를 해내는 과정에 집중할 때 ex) 과제 수행, 탐구 수행
결과	함양	역량이나 가치를 기를 때 ex) 미래 핵심 역량 함양, 가치 함양
	신장	국가 교육과정을 연구 주제에 맞게 고칠 때 ex) 의사소통 역량 신장, 문제 해결력 신장
	내면화	가치나 태도가 학생의 것으로 깊이 자리 잡았을 때 ex) 가치 내면화, 시민성 내면화
	형성	새로운 습관이나 태도가 만들어졌을 때 ex) 학습 습관 형성, 관계 형성
확산	확산	성과를 널리 퍼뜨릴 때 ex) 프로젝트 확산, 성과 확산
	공유	자료나 결과물을 나눌 때 ex) 수업 자료 공유, 결과 공유
	일반화	다른 현장에서도 적용 가능함을 시사할 때 ex) 일반화 방안 모색, 일반화 가능성 확인
	전이	배움이 실제 삶이나 다른 상황으로 옮겨갈 때 ex) 배움의 전이, 삶으로의 전이

[표 3.30] 분량조절 필요시 문장 압축 사례

　보고서의 가독성을 높이기 위해서는 동사형(~을 조성했다)보다는 명사형(~조성)으로 종결하여 문장을 리듬감 있게 압축하는 것이 좋다. 다음은 실제 보고서의 명사형 어미를 활용한 압축의 예시이다.

압축 전	압축 후
학생당 1개의 스마트 기기를 사용 가능한 환경을 조성하고 온라인에서 학급을 관리할 수 있는 환경을 구축했다.	1인 1스마트 기기 보급 및 플랫폼 구축
우리 지역의 지리 정보를 조사하고 탐구해서 문제를 해결해 본다.	지역 연계 탐구 프로젝트 실행

[표 3.31] 문장 압축 예시

나. 키워드 목적 연결

　단순한 행동 나열을 넘어, 왜 그 일을 하는지(Why)와 어떻게 하는지(How)를 한 줄에 남는 방식이다.

- [도구/방법]을 통한 [목표 역량] [변화/성장]
- [맥락] 연계 [과제명] [실행]

압축 전	압축 후
AI 도구를 활용하여 학생들이 개인 맞춤형 질문을 생성하고 탐구할 수 있도록 지원한다.	AI 도구를 활용한 개인 맞춤형 질문 탐구 지원
학생들이 스스로 문제를 발견하고 해결하는 과정에서 비판적 사고력을 기른다.	문제 발견 및 해결을 통한 비판적 사고력 함양

[표 3.32] 키워드 목적 연결에 따른 문장 압축 예시

02. 표 활용

긴 서술형 내용을 표로 전환하면 지면을 절약하면서도 정보를 명확하게 전달할 수 있다. 하지만 모든 것을 표로 만들면 보고서가 딱딱하고 기계적으로 보인다.

가. 표로 전환하면 좋은 내용

내용 유형	설명
단계별 구성	수업 모형의 단계, 프로젝트 절차 등
비교 대조	사전 - 사후 비교, 선행 연구 비교 등
목록 나열	활동 내용, 자료 목록, 역량 구성 요소 등
연구 절차	연구 일정, 추진 체계 등

[표 3.33] 표로 작성하면 좋은 내용

나. 서술형으로 유지해야 하는 내용

내용 유형	설명
연구의 필요성	논리적 흐름과 설득력 필요
이론적 배경	이론의 맥락과 본 연구와의 연결 설명 필요
학생 활동 과정	생동감과 현장감 전달 필요
결론 및 제언	연구의 의미와 시사점 강조 필요

[표 3.34] 서술형으로 작성하면 좋은 내용

다. 표와 서술의 조화

표는 정보 전달, 서술은 설득과 감동을 담당한다. 핵심 정보는 표로 간결하게 제시하고, 그 의미와 맥락은 서술로 풀어낸다. 표와 서술의 조화로운 구성이 가독성을 높인다.

수업 단계를 표로 제시하기 전, 수업 모형에 대한 간단한 설명을 먼저 서술한다.

본 연구에서 개발한 [   ] 수업 모형은 학생들이 [   ]하는 [   ]단계로 구성된다.

[표 설명 예시]
본 연구에서 개발한 WISE 수업모형은 학생들이 개인 지능과 집단 지성을 활용하여 사회 문제를 해결하는 단계를 4단계로 구성했다.

표를 제시할 때는 표 제목을 작성하고 표를 제시하면 이 표가 무엇을 의미하는지 더 명확히 할 수 있다.

단계	설명	미래 핵심 역량
Worth	• 문제의 중요성 깨닫기 • 해결 필요성 인식	창의적 사고　　공동체 지식정보처리
Intelligence	• 문제 해결을 위한 지능 활용 • 계획 및 설계	자기관리　　의사소통 심미적 감성　　지식정보처리
Solution	• 계획에 따른 결과물 제작 • 문제 해결 실행	창의적 사고　　의사소통 지식정보처리
Exhibition	• 결과물 디지털화 및 전시 • 학습 성과 공유	의사소통　　공동체 지식정보처리

[표 3.35] WISE 프로젝트 수업 모형의 단계별 구성

표를 제시한 후, 해당 모형의 핵심 차별점과 기대 효과를 서술한다.

본 수업 모형은 [　　　　　　　] 모형을 본 연구에 맞게 재구성한 것으로 가장 큰 차별점은 [　　　　　　]이다. 이를 통해 [　　　　　　] 기대할 수 있다.

[차별점 기대효과 서술 예시]
ex) 본 수업 모형은 프로젝트 수업 모형을 재구성한 것으로 가장 큰 차별점은 Intelligence 단계를 개인 지능 개발과 집단 지성 개발로 이원화한 것이다. 프로젝트 학습에 필요한 개인 역량을 먼저 함양한 후 집단 지성에 참여하도록 구성하여, 모든 학생이 프로젝트 전 과정에 참여할 수 있다.

2. 보고서 가독성 높이기

보고서는 내용만큼이나 어떻게 보이는가가 중요하다. 심사위원은 하루에 수십 편의 보고서를 읽는다. 같은 내용이라도 한눈에 들어오는 보고서가 더 높은 점수를 받는다.

또한, 연구대회 보고서는 흑백 인쇄 환경에서 평가되므로, 여백과 강조를 적절히 활용하여 가독성을 높여야 한다.

01. 여백

여백은 내용을 구분하고 가독성을 높이는 핵심 요소다.

요소	권장 수치	효과
줄 간격	왼쪽 정렬	한글 가독성 최적화
문단 간격	줄 간격의 1.5배 (문단 위 간격 5pt 정도)	단락 구분 명확화 (수업혁신사례연구대회에서는 규정)
자간, 장평	자간 0%, 장평 100%	자간과 장평을 과도하게 조정하면 가독성이 떨어진다.
표 아래 여백	표 위·아래에 3mm	시각적으로 깔끔해짐 분량의 문제라면 글자 크기 1pt로 축소 후 줄 바꿈

[표 3.36] 가독성 높이는 여백 구성

02. 강조

강조는 독자의 시선을 핵심에 집중시키는 장치다. 흑백 인쇄 환경에서 피해야 할 강조 방법은 다음과 같다.

- 밑줄: 가독성을 방해함.
- 색상 강조: 노란색, 파란색, 초록색 등의 색 강조는 흑백 인쇄 시 회색으로 보임.
- 과도한 강조: 모든 문장을 강조하면 강조 효과가 사라짐.

흑백 인쇄 환경에서 권장하는 강조 방법은 진하게(Bold) 처리하는 것이 가장 좋다. 또한, 정말 강조하고 싶은 키워드가 있다면 검정 바탕에 흰 글씨를 사용한다.

강조를 색을 활용	검정 바탕에 흰 글씨 사용
학생 참여 강화에 초점을 둔 프로젝트로 지방소멸 문제에 대한 관심을 갖게 하여 참여를 강화하고 **데이터 처리 및 분석 활동을 통한 개발 지역 선정** 활동을 통해 학생들의 **비판적 사고력**이	**학생 참여 강화**에 초점을 둔 프로젝트로 지방소멸 문제에 대한 관심을 갖게 하여 참여를 강화하고 **데이터 처리 및 분석 활동을 통한 개발 지역 선정** 활동을 통해 학생들의 **비판적 사고력**이

[표 3.37] 흑백 인쇄 환경 강조 방법

03. 편집 안정성 지키기

보고서의 내용이 아무리 좋아도 단락이 어색하게 끊기거나 표가 페이지를 넘어가 버리면 읽는 흐름이 바로 깨진다. 편집 안정성은 보고서의 가독성과 전문성을 지켜 주는 기본 조건이다. 다음은 편집 안정성 체크 리스트이다. 확인하며 작성해 보자.

체크 항목	내용
문장 줄 바꿈	어절 단위로 줄 바꿈(단어가 분리되지 않게)
표 제목 행 반복	표가 페이지 넘어갈 때 제목 행이 함께 이동하도록 설정
표 내부 확인	표 안에서 글씨가 잘리거나 간격이 깨지지 않는지 확인
단락 연결 유지	페이지 하단에 한 줄만 남거나 상단에 한 줄만 시작되지 않도록 설정
캡션 통일	표·그림 제목은 일관된 형식으로 통일

[표 3.38] 편집 안정성 체크리스트

TIP 문장 줄 바꿈, 제목 행 반복 방법

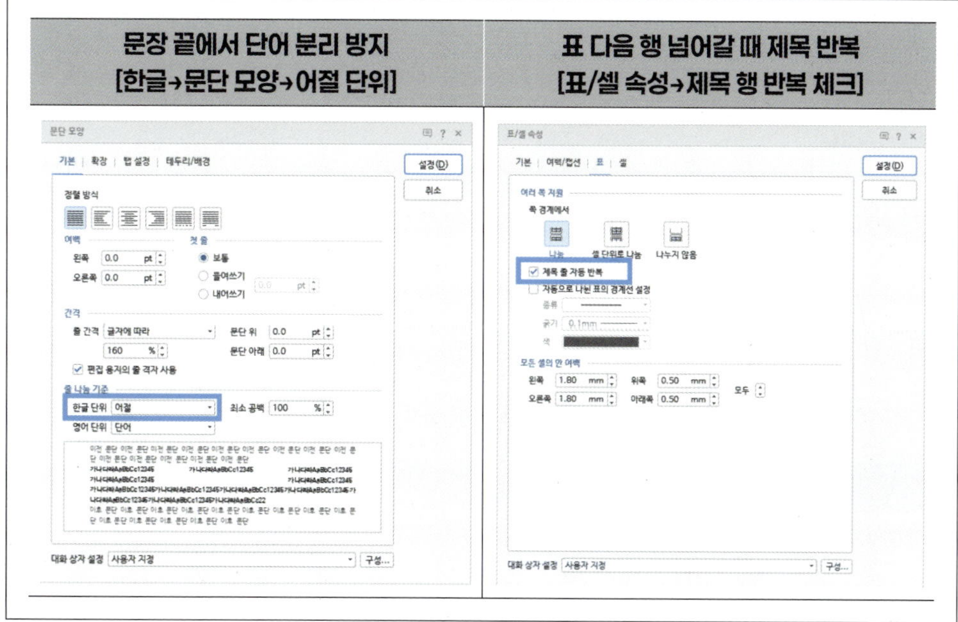

3. 사진 및 자료

보고서에서 사진과 자료를 어떻게 배치하고 관리하느냐에 따라 가독성과 설득력이 크게 달라진다. 같은 내용이라도 사진이 흐릿하거나, URL이 길게 늘어지거나, 학생 얼굴이 어색하게 가려져 있으면 보고서의 완성도가 떨어진다.

01. 학생 사진

보고서 속 학생 사진은 수업의 현장감과 생동감을 전달하는 핵심 요소다. 그러나 모자이크·블러·검은 동그라미로 얼굿을 가리면 사진 전체가 답답해 보인다. 캔바· 미리캔버스의 학생 아이콘을 활용해 얼굴 위에 배치하면 개인정보 보호, 생동감 유지, 디자인 통일성 세 가지를 모두 얻을 수 있다.

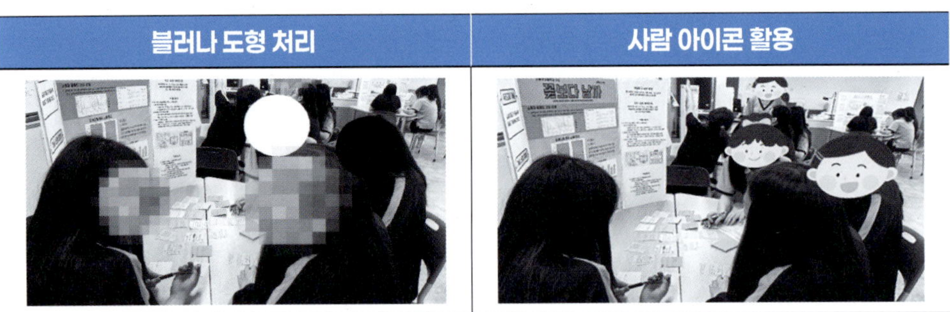

[표 3.39] 학생 사진 삽입 방법

02. URL: 짧고 명확하게

보고서에 긴 URL을 그대로 쓰면 지면을 낭비하고 가독성이 떨어진다. URL 단축 서비스를 활용하면 짧고 의미 있는 링크를 만들 수 있다. 단축 주소 추천은 joo.is라는 사이트이다. joo.is는 한글 주소를 지원해 링크만 봐도 내용을 파악할 수 있다.

원본 URL 예시	단축 URL 예시
https://drive.google.com/drive/folders/1A3C?pli=1	joo.is/학생활동모음
https://docs.google.com/spreadsheets/d/abc/edit	joo.is/SPARK자료실

[표 3.40] 단축 URL활용 방법

03. 자료의 체계적 관리

보고서 작성 중 "그 사진 어디 있더라?"를 반복하면 시간이 몇 배로 늘어난다. 초반 부터 폴더 구조를 체계적으로 구축해야 한다. 공유 드라이브(구글 드라이브, 원드라이브 등) 에 체계적으로 정리하면 언제 어디서나 접근할 수 있다.

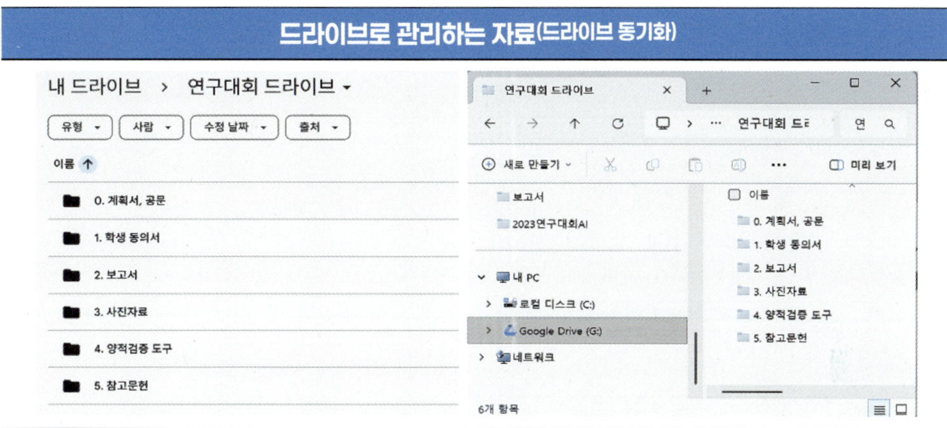

04. 필수 동의서 관리

연구대회 보고서 작성에 사용되는 학생 사진(초상권), 학생 결과물(저작권, 개인정보), 생성형 AI 활용 결과물(디지털 윤리)을 위해서는 학부모와 학생의 동의를 반드시 받아야 한다. 3월 가정통신문을 통해 아래 두 가지 동의서를 미리 받아 두어야 한다.

동의서	내용	예시
연구 참여 및 초상권 활용 동의서	수업에 학생 사진을 모자이크 없이 사용하거나 영상이 있는 대회라면 영상은 모자이크 처리가 어렵고 원본 제출이 원칙이므로 촬영을 위해 모든 학생에게 동의를 받아야 한다.	예시
생성형 AI 활용 교육 동의서	생성형 AI마다 연령 제한이 다르기 때문에 생성형 AI를 활용한 교육 활동에 있어서는 교사의 지도하에 사용하겠다는 보호자의 동의를 받는 것이 좋다.	예시

[표 3.41] 연구대회 필수 동의서 예시

Part 4

대회별 실전 공략

교사는 수업을 설계하고 실행하며 성찰을 반복하고 있다.

이 파트에서는 교사의 일상적인 수업 실천을 연구대회라는 장면으로 옮겨,
각 연구대회의 목적과 심사 기준을 이해하고
대회별 보고서 작성 방향을 구분할 수 있도록 한다.
대회 유형별 공통 패턴을 바탕으로 보고서 구조를 정리하고,
감점 요소를 예방하는 체크리스트를 통해
연구 보고서를 완성도 있게 다듬는 방법을 제시하고자 한다.

Chapter 1

주관 기관을 보면 차이점이 보인다

"세 대회 다 교육부에서 하는 거 아니에요?
뭐가 달라요?"

수업혁신사례연구대회, 디지털교육연구대회, 인성교육실천사례연구발표대회는 모두 교육부 주최의 전국 규모 교원 대상 연구대회이지만, 이 세 대회는 주관 기관이 다르다.

주관 기관이 다르다는 것은 대회의 성격과 평가 기준이 다르다는 뜻이다. 주관 기관의 전문성과 역할을 이해하면, 각 대회가 무엇을 중요하게 평가하는지, 무엇을 요구하는지가 명확해진다.

1. 주관 기관 한눈에 비교하기

각 대회는 모두 교육부 주최라는 공통점이 있지만, 전국 단위 운영을 담당하는 주관 기관은 서로 다르다. 바로 이 차이가 연구대회의 성격을 결정한다.

구분	수업혁신사례연구대회	디지털교육연구대회	인성교육실천사례 연구발표대회
주관 기관	한국교육과정평가원 (KICE)	한국교육학술정보원 (KERIS)	한국청소년정책연구원

[표 4.1] 세 연구대회 주관 기관 비교

2. 주관 기관의 역할이 대회 방향을 결정한다

주관 기관의 전문 분야와 목적에 따라 평가 방향과 강조점이 달라진다.

01. 수업혁신사례연구대회 - 한국교육과정평가원(KICE)

- 교육과정과 평가의 전문 기관이 주관한다.
- 국가 수준 교육과정 개발 및 학업 성취도 평가를 담당하는 기관이다.
- 수업이 교육과정과 얼마나 잘 연계되어 있는지를 평가한다.
- 성취 기준 도달 여부가 명확하게 드러나는지를 중점적으로 본다.
- 평가가 수업안에서 적절하게 설계 및 운영되었는지를 중요하게 본다.
- 핵심 키워드: 교육과정 재구성, 성취 기준, 수업 설계, 과정 중심 평가
- 한마디로 정리하면, 수업의 질을 본다.

02. 디지털교육연구대회 - 한국교육학술정보원(KERIS)

- 에듀테크와 교육 정보화 전문 기관이 주관한다.
- 교육 정보화 인프라 구축과 에듀테크 연구 및 보급을 담당한다.
- 디지털 도구를 얼마나 효과적으로 활용했는지를 평가한다.
- 기술이 학습에 실질적인 도움을 주었는지를 중요하게 본다.
- 활용 사례가 다른 교실로 확산 가능한지를 주요 요소로 본다.
- 핵심 키워드: 에듀테크 활용, 디지털 리터러시, ICT 융합, 정보화
- 한마디로 정리하면, 디지털 활용을 본다.

03. 인성교육실천사례연구발표대회 - 한국청소년정책연구원

- 청소년 성장과 인성을 전문으로 하는 연구 기관이 주관한다.
- 칭소년 정책 연구 및 인성교육 프로그램 개발을 담당한다.
- 학생의 인성에 실질적인 변화가 있었는지를 평가한다.
- 실천 사례가 구체적인지를 중요하게 본다.
- 다른 학교에서도 적용 가능한 사례인지를 평가 기준으로 삼는다.
- 핵심 키워드: 인성 역량, 실천 중심, 학생 성장, 공동체 의식
- 한마디로 정리하면, 인성 실천을 본다.

3. 차이가 만드는 전략의 핵심

주관 기관이 다르면 대회 목표가 달라진다. 목표가 달라지면 심사 기준이 달라지며, 심사 기준이 달라지면 공략해야 할 포인트 역시 달라진다. 연구대회를 준비할 때 가장 먼저 던져야 할 질문은 다음과 같다.

- 수업을 강조할 것인가
- 활용을 강조할 것인가
- 실천을 강조할 것인가

같은 교실에서, 같은 학생을 대상으로 진행한 활동이라도 출품하는 대회에 따라 강조해야 할 포인트는 완전히 달라진다. 교사가 패들렛을 활용해 학생들과 민주시민 토론 수업을 했다고 가정해 보자.

수업혁신사례연구대회
사회과 교육과정 성취 기준인 '민주주의 원리 이해하기'를 토론 중심 수업으로 재구성하고, 이를 통해 성취 기준을 달성한 수업 설계의 타당성을 강조한다.

디지털교육연구대회
패들렛의 실시간 의견 공유 기능을 활용해 모든 학생의 참여를 이끌어 낸 디지털 기반 토론 환경 구축과 활용 효과를 강조한다.

인성교육실천사례연구발표대회
토론 과정에서 학생들이 경청·배려·존중을 실천하며 민주시민 의식과 공동체 가치가 성장한 변화를 강조한다.

이처럼 같은 수업이라도 출품 대회에 따라 전혀 다른 스토리로 구성해야 한다. 이것이 주관 기관을 이해해야 하는 이유이다.

세 대회의 평가 기준

- KICE(수업 혁신) = 교육과정 전문가의 시선
- KERIS(디지털) = 에듀테크 전문가의 시선
- 청소년정책연구원(인성) = 인성교육 전문가의 시선

핵심 구분 수업의 질 vs 디지털 활용 vs 인성 실천

[표 4.2] 세 연구대회 평가 기준

세 연구대회 한눈에 비교하면 다음과 같다.

구분	수업혁신사례 연구대회	디지털교육연구대회 (디지털 교수·학습분과)	인성교육실천사례 연구발표대회
전문가의 시선	교육과정 전문가	에듀테크 전문가	인성교육 전문가
대회의 본질	교사를 학습 디자이너로 재정의하고, 수업의 전체적인 틀을 설계하는 역량	에듀테크와 디지털 도구를 매개로 한 방법론적 혁신	기술로 대체할 수 없는 하이터치(High-touch) 정서 교감 및 실천
주된 목적	학생 수준에 맞는 맞춤형 수업과 상호 작용이 활발한 미래형 모델 발굴	디지털 기반 참여·공유·협력 학습 강화 및 하이브리드 수업 모델 구축	공감, 소통, 책임 등 인성 가치 내면화 및 마음 건강 지원
핵심 평가요소	교-수-평-기 일세화 및 실제 수업 활동의 혁신성	다른 교실에서도 즉시 활용 가능한 일반화 가능성	학기 초부터 꾸준히 실천했는지 지속성 및 진정성 (현장 실사 필수)
참가 형태	개인 또는 2인 공동 연구	개인 또는 2인 공동 연구	개인 연구만 가능 (공동 연구 인정 안함)
주요 결과물	연구 보고서(25쪽) + 수업 동영상	연구 보고서(20쪽) + 산출물 파일	연구 보고서(20쪽) + 현장 실사 검증
추천	교육과정에 맞춰 수업의 설계도를 바꾸고 싶은 분	다양한 에듀테크를 활용해 수업의 효율을 높이고 싶은 분	학생들과의 정서적 교감과 올바른 가치관 형성을 중시하는 분

[표 4.3] 세 연구대회 한눈에 비교하기

PART 1

PART 2

PART 3

PART 4

PART 5

Chapter 2

수업혁신사례연구대회

"나의 수업을 증명하고 싶다면,
지금 도전하세요!"

수업혁신사례연구대회는 급변하는 미래 교육 환경에 발맞추어 학생 개개인의 수준과 속도에 맞는 '맞춤형 수업'을 구현하고, 이를 위한 우수한 교수·학습 모델을 발굴하여 현장에 확산하기 위해 운영되는 대회이다.

1999년 '교실수업개선실천사례 연구발표대회'로 시작된 이 대회는 2021년에 현재의 명칭으로 변경되었으며, 최근에는 AI 디지털 교과서 도입과 에듀테크 활용 등 디지털 교육 환경 변화에 적극 대응하고 있다.

구분	내용
대회의 본질	교사를 학습 디자이너로 재정의 → 지식 전달자가 아닌 수업 기획자이자 학생 성장 코치
참가 대상	전국 초·중등학교 및 특수학교 교원 (개인 또는 2인 공동 연구, 동일 학교급만 가능)
출품 영역	교과 교육 활동 / 창의적 체험 활동 / 융합 교육 활동 중 택 1
평가 핵심	• AI·에듀테크를 활용한 수업 혁신 • 교–수–평–기 일체화 • '수업의 숲' 등을 통한 수업 나눔 실천 • 학생의 능동적 참여와 자기주도학습
심사 자료	1차: 25쪽 이내 연구 보고서 2차: 전체 수업 동영상, 15분 요약 동영상
입상 혜택	• 교육부 장관상 • 연구실적 평정점(1등급 1.5점 / 2등급 1.25점 / 3등급 1점) • 우수 입상자 국외 연수 기회

[표 4.4] 수업혁신사례연구대회 개요

1. 수업혁신사례연구대회의 차별점

01. 성취 기준과의 연결 = 생명

수업혁신사례연구대회의 출발점은 성취 기준 명시 여부이다. 성취 기준이 없는 보고서는 높은 점수를 받을 수 없다. 성취 기준은 '한 번 쓰고 끝'이 아니라, 보고서 전반에 반복적으로 등장해야 한다.

항목	작성 기준
성취 기준 코드	• 연구 설계 단계에서 반드시 작성
핵심 역량 연결	• 2022 개정 교육과정 핵심 역량 제시
재구성 근거	• 성취 기준을 달성하기 위해 ○○ 방식으로 재구성함
차시 연계	• 각 차시 활동마다 성취 기준 달성 목적 재언급

[표 4.5] 수업혁신사례연구대회 성취 기준 작성 방법

작성 예시

- **잘못된 예**: 민주시민 프로젝트를 진행했다.
- **올바른 예**: 사회과 성취 기준 [6사04-03] '생활 속에서 법의 의미와 역할 이해하기'를 달성하기 위해, 학생들이 직접 학급 규칙을 제정하는 프로젝트로 재구성했다. 이 과정에서 2022 개정 교육과정의 '협력적 소통 역량'과 '공동체 역량'을 함양했다.

02. 교-수-평-기 일체화 = 핵심 구조

단계	보고서에서 확인되는 요소
교육과정	• 성취 기준 명시, 재구성 이유
수업	• 재구성된 내용을 수업으로 구현한 방식
평가	• 과정 중심 평가 루브릭, 성취 기준 도달 여부
기록	• 학생 성장 과정 기록, 생활기록부 기재 예시

[표 4.6] 수업혁신사례연구대회 교-수-평-기 일체화 작성 요소

03. 맞춤형 수업 설계 = 차별화 포인트

수업혁신사례연구대회는 교사를 '학습 디자이너'로 평가한다. 모든 학생에게 맞춤형으로 접근했는지가 핵심이다.

항목	보고서에서 강조할 것
학생 분석	• 사전 진단 결과 제시
수준 구분	• 상위 30% / 중위 50% / 하위 20%
수준별 전략	• 상위 : 심화 과제 / 중위: 기본 활동 / 하위: 보충 자료
AI 활용	• AI를 활용한 수준별 개별 피드백 기능 활용
결과 제시	• 하위권 학생 70% 중위권으로 상승 등 • 사전 – 사후 비교를 통한 변화 제시

[표 4.7] 수업혁신사례연구대회 맞춤형 수업 설계 강조 요소

작성 예시

사전 설문 결과, 토론에 자신이 없다고 응답한 학생 8명(33%)을 확인했다. 해당 학생들을 위해 1) 패들렛 익명 댓글 기능으로 부담 없이 의견을 표현하도록 하고, 2) AI 챗봇으로 사전 토론 연습 기회를 제공했다.
그 결과, 8명 중 7명이 실제 토론 수업에서 발언에 참여했다.

04. 수업 동영상과의 일치성 = 최종 검증

수업혁신사례연구대회는 2차 심사에서 수업 동영상으로 보고서 내용을 검증한다. 보고서에 쓴 내용이 실제 수업 장면에서 그대로 확인되어야 한다.

동영상에서 확인되는 장면	보고서에 작성할 것
학생의 능동적 참여	학생 주도 활동 ○개 설계
교사의 촉진자 역할	교사는 질문으로 사고를 확장
학생 간 상호 작용	모둠별 협력 구조 설계
평가 장면	루브릭 기반 동료 피드백

[표 4.8] 수업혁신사례연구대회 수업 동영상과 보고서 작성 내용

05. 학교급별 연구의 차이점

가. [초등학교] 분석 키워드: 발달과 환경의 확장

초등학교는 구체적 조작 활동과 체험 중심 학습을 통해 학생의 세계관을 확장하는 데 초점을 둔다. 학습의 출발점은 '나'이며, 이를 주변 환경으로 점진적으로 확장하는 구조가 특징이다.

강조점	• 자기 발견, 환경과 신체 통합 → 자기 이해 및 공간 경험의 확장, 창의적 사고 역량 발달
탐구 주제	• '나' → '우리 지역'으로 확장되는 생활 밀착형 주제
활용 예	• 시각화 및 체험 중심 수업 예시 - 마인크래프트·ZEP(메타버스)로 교실을 지역사회로 확장 - AutoDraw 등으로 아이디어 시각화

[표 4.9] 수업혁신사례연구대회 초등학교 보고서 분석

나. [중학교] 분석 키워드: 기초 학력 강화와 정서 지원

중학교는 사춘기 학생의 학습 무기력 극복과 기초 학력 격차 해소를 주요 과제로 다룬다. 지식 전달보다 사회 정서(SEL)와 학습 태도를 함께 다루는 접근이 두드러진다.

강조점	• 기초 소양(문해력) 강화 및 사회 정서 역량 지원
탐구 주제	• 학교 및 지역사회 문제, 자아 탐색과 관계 형성
활용 예	• 맞춤형 학습 및 정서 케어 예시 - AI 코스웨어로 수준별 문제 제공 - AI 챗봇·마음 일기로 감정 발화 및 상담

[표 4.10] 수업혁신사례연구대회 중학교 보고서 분석

다. [고등학교] 분석 키워드: 심화 탐구와 사회적 책임

고등학교는 단순한 입시 대비를 넘어, 대학 수준의 심화 탐구와 사회 문제 해결 역량을 보여주는 데 초점을 둔다. 정답이 없는 복합적 문제를 다루는 시민성이 핵심 가치로 등장한다.

강조점	• 고차원적 사고와 사회적 책임 → 비판적 사고, 논리적 추론, 데이터 리터러시, 글로벌 시민성 함양
탐구 주제	• SDGs, AI 윤리, 데이터 편향성 등 복합 사회 문제
활용 예	• 데이터 분석 및 피드백 정교화 예시 - 빅데이터·통계 도구로 사회 현상 분석 - 생성형 AI로 논리 구조 피드백

[표 4.11] 수업혁신사례연구대회 고등학교 보고서 분석

2. 심사 기준표를 나만의 심사표로

심사 기준표는 보고서 작성 시 가장 중요한 기준이다. 하지만 공식 심사 기준은 문장이 길고 한눈에 들어오지 않기 때문에 이것을 단어 수준으로 단순화하고, 내 보고서 어디에 반영할지 정해 두면 보고서 작성 시의 체크리스트가 되고, 검토할 때도 생성형 AI를 활용할 때도 유용하다.

01. 수업혁신사례연구대회 심사 기준표(2025년 전국대회 기준)

기준	영역	평가 내용
교육 과정의 방향 및 미래형 수업 혁신에 대한 노력 반영 (60)	교육과정 방향 반영 (20)	• 연구 내용이 2015(또는 2022*) 개정 교육과정의 관련 핵심 역량과 연계되어 있는가? • 학생의 융합적 사고를 촉진하고 학습의 과정을 중시하는 평가가 이루어질 수 있도록 구성하였는가? • 학생의 능동적 수업 참여를 활성화할 수 있는 수업 활동(프로젝트, 토의 토론형 활동 등)으로 구성하였는가?
	수업 혁신에 대한 노력 반영 (40)	• AI 디지털 교과서, AI·에듀테크 활용 등 미래형 교육 환경의 변화 반영, 교-수-평-기 일체화 노력 등 수업 혁신 노력이 드러나는가? • 동료 교원과의 수업 나눔(함께학교 内 '수업의 숲'* 서비스 활용 등), 전문적 학습 공동체 등 수업 개선 노력을 지속적으로 하였는가? • 연구 과제의 수행 과정 등을 감안할 때, 수업 방식 등의 변화를 통한 수업 혁신 노력이 드러나는가?
현장 적합성 및 연구 방법 적절성 (15)	현장 적합성 (10)	• 학생 참여 및 실질적인 자기 주도적 학습이 이루어질 수 있도록 설계되었는가? • 학생 중심 교수학습 방법 및 과정 중심 평가의 방법이 현장에 적용 가능한가?
	연구 방법 적절성 (5)	• 연구 과제 해결에 적합한 연구 방법을 활용하여 수업 개선 연구를 추진하였는가? • 연구 과제를 해결하기 위하여 다양한 사례 및 연구 방법을 검토하였는가?
내용과 실천의 일치성 (15)	지속 가능성 (5)	• 해당 교과, 학년의 수업 방법 개선이 일정 기간 지속적으로 실천할 수 있는 것인가?
	내용 적합성 (5)	• 실천 내용이 연구 대상의 수준에 적합한 것인가?
	피드백 (5)	• 실천 상의 문제점 발견 및 환류를 통해 연구 과제 해결을 위한 방법을 지속적으로 보완해 가며 수행하였는가?
현장 교육 기여도 (10)	확산 가능성 (5)	• 교수학습 개선 방법 및 방향이 학교 교육과정과 밀접하게 연계되어 학교 교육 활동 활성화에 기여하는가? • 교수·학습 개선안이 체계적이고 구체적으로 제시되어 있어 교육 현장에 적용하기에 용이한가?
	기여도 (5)	• 수업 혁신 및 학생 개개인의 교육적 성장에 기여하였는가?

[표 4.12] 수업혁신사례연구대회 심사 기준표

02. 키워드 기반 나만의 심사표 및 보고서 구상하기(2025년 전국대회 기준)

심사 기준	평가 영역		평가 내용	배점 예상	보고서 영역
교육 과정 미래형 수업 혁신 노력 (60)	교육 과정 반영	1	2022 개정 교육과정	4	시작, 준비 설계, 실행
		2	미래 핵심 역량	4	
		3	융합적 사고 촉진	4	연구의 실행
		4	과정 중심 평가	4	연구의 실행
		5	능동적 수업 참여 활성화 수업 활동 (프로젝트, 토의 토론 등)	4	연구의 설계
	미래형 수업 혁신 노력	6	AI·에듀테크, 미래형 교육 환경의 변화 반영	8	설계, 실행
		7	교-수-평-기 일체화 노력	8	연구의 실행
		8	함께학교 수업의 숲, 동료 교원 수업 나눔	8	실행, 부록, 수업일지
		9	전문적 학습 공동체 수업 개선 노력	8	실행, 부록, 수업 일지
		10	수업 방식 변화	8	연구의 실행 연구의 설계
현장 적합성 연구 방법 적절성 (15)	현장 적합성	11	학생 참여	2.5	연구의 설계
		12	자기주도학습	2.5	연구의 설계
		13	현장 적용 가능한 학생 중심 교수학습	2.5	실행, 결론
		14	현장 적용 가능한 과정 중심 평가	2.5	실행, 결론
	연구 방법 적절성	15	연구 방법 및 설계 제시	2.5	연구의 설계
		16	선행 연구 검토	2.5	연구의 준비
내용과 실천의 일치성 (15)	지속 가능성	17	지속 가능한 실천	5	결론
	내용 적합성	18	학생 수준 적합, 발달 단계 고려	5	실행, 결론
	피드백	19	문제점 발견 – 개선 - 보완 과정	5	실행, 부록 수업 일지
기여도 (10)	확산 가능	20	학교 교육 활동 활성화에 기여	2.5	결론, 부록
		21	체계적 구체적 제시, 타학교 적용 가능	2.5	실행, 부록
	기여도	22	수업 혁신 기여	2.5	결론
		23	학생의 교육적 성장	2.5	결론

[표 4.13] 키워드 기반 나만의 심사표 및 보고서 구상하기

PART
1

PART
2

PART
3

PART
4

PART
5

3. 보고서 작성의 실전(심사 기준으로 보는 점수 공략_2025년도 기준)

구분	규정 내용
총 분량	**총 25쪽 이내 표지**, 목차 제외 요약서 1쪽 이내, 본문 및 부록 : 24쪽 이내
제본 순서	표지(무 코팅, 서식 준수) - 요약서 - 목차 - 본문 - 부록
여백	위쪽·아래쪽·머리말·꼬리말 : 15, 왼쪽·오른쪽 : 25, 제본 : 10
본문 글씨	**휴먼명조 12pt**
본문 설정	들여쓰기 10, 줄 간격 160%, 문단 위 5, 문단 아래 0
목차, 표	연구자 임의로 작성 가능
제목 설정	• 연구 보고서 제목 : 바탕체 20포인트(변경 불가) • 대제목 : 바탕체 15포인트(변경 불가) • 중제목·소제목 : 바탕체 12~14포인트(자유 지정)
용지	A4용지 좌철, 양면 인쇄, 흑백 출력
주의 사항	• 공동 연구 시 '공동 연구의 필요성 및 목적' 반드시 포함(미포함 시 2점 감점) • 부록 미제출 시 전국대회 추천 제외
부록	• 교수학습 과정안 : 2회분 수록(형식 자유) • 수업 일지 : 서식 자유, 수업 개선의 성찰, 노력 포함

[표 4.14] 보고서 작성 규정 내용

서론이 길어지면 배점이 높은 '수업 실행' 내용을 충분히 담지 못한다. 전체 분량의 50% 이상을 수업 장면과 학생 변화에 할애해야 한다.

제본 순서	구분	권장 페이지		내용	전략 포인트
1	표지	0		표지 양식 준수	분량 미포함
2	요약	1		연구 요약(핵심만 압축)	심사위원이 가장 먼저 보는 곳
3	목차	0		목차	분량 미포함
4	본문	17	2	연구의 시작	데이터 기반 문제 제기
			1	연구의 준비	핵심 이론, SWOT 분석 간결하게
			1	연구의 설계	수업 네이밍과 구조 도식화
			11	연구의 실행	차시별 활동, 학생 반응, 피드백 상세
			2	연구의 결론	정량/정성 변화 데이터
5	부록	3		교수 · 학습 과정안	2회분 수록
		4		수업 일지	진지한 성찰과 노력이 드러나도록
		0		참고 문헌	분량 상황에 따라 본문 맨 뒤 또는 부록 맨 뒤 배치

[표 4.15] 규정에 따른 보고서 권장 페이지 및 전략

01. [심사기준1 - 1] 교육과정 방향 반영(20점)

교육과정 반영 (20)	1	2022 개정 교육과정
	2	미래 핵심 역량
	3	융합적 사고 촉진
	4	과정 중심 평가
	5	능동적 수업 참여 활성화 수업 활동(프로젝트, 토의토론 등)

[표 4.16] 교육과정 반영 심사기준

1 2022 개정 교육과정   2 미래 핵심 역량

학생 실태를 객관적 자료로 먼저 제시하고, 해당 성취 기준과 핵심 역량을 바탕으로 수업 설계의 타당성을 설명한 뒤, 수업을 통해 나타난 학생 변화의 증거로 교육과정 반영 여부를 검증한다.

구분	실전 전략	작성 예시
문제 정의	[성취 기준] 기반 학생 실태 진단	사전 학습 점검 결과, 다수의 학생이 [성취 기준] 핵심 개념을 단편적으로 이해하고 있었으며, 이를 실생활 맥락에 적용하는 데 어려움을 보였다.
목표 설정	[성취 기준]–[핵심 역량]을 연결한 수업 목표 제시	본 수업은 [성취 기준] 달성을 중심으로 학생의 자기 주도적 탐구 역량과 의사소통 역량을 함께 신장하는 것을 목표로 설계하였다.
수업 설계 근거	[교육과정] 취지에 근거한 [수업 구조] 설명	[교육과정]에서 강조하는 '과정 중심 학습'의 취지를 반영하여 개념 이해–탐구–적용– 성찰의 흐름으로 수업을 구성하였다.
검증 결과	[학생 변화]가 드러나는 구체적 증거 제시	수업 이후 학생들은 개념을 자신의 생활 사례와 연결해 설명할 수 있었으며 토의 활동에서 근거를 들어 자기 생각을 표현하는 모습이 뚜렷하게 증가하였다.

[표 4.17] 2022 개정교육과정, 미래핵심역량 내용 작성 예시

수업은 여러 개념과 정보를 연결하고 종합하여 사고하도록 설계되어야 하며, 평가는 점수 산출이 아닌 성장 과정이 드러나도록 운영되어야 한다.

구분	실전 전략	작성 예시
융합적 사고	**[교과 개념 연결]**해 **[사고]**하도록 설계	교과 개념을 단순 이해에 그치지 않고, 여러 개념을 **[연결]**해 문제를 해석하고 해결하도록 설계하였다.
삶과의 연계	사례 제시가 아닌 **[적용 과제]**로 제시	학생들은 우리 학교와 지역에서 실제로 마주하는 문제를 분석 대상으로 삼아, 배운 개념과 자료를 **[적용]**해 해결 방안을 탐색하였다.
평가 철학	평가의 목적을 **[성장 지원]**으로 명확화	본 수업에서는 평가를 결과 확인이 아닌 학습 과정에서 학생의 **[사고 변화를 지원]**하는 도구로 활용하였다.
과정 중심 운영	**[피드백]**–**[수정]**이 반복되는 구조 제시	중간 점검 **[피드백]** 이후 **[재탐색과 수정]** 활동을 운영하여, 학생들이 자신의 생각을 점검하고 보완할 수 있도록 하였다.
증거 제시	**[과정]**이 드러나는 자료로 검증	학습 데이터, 형성 평가 점수 변화, 피드백 반영 기록을 통해 **[과정 중심 평가]**가 실제로 작동했음을 확인할 수 있었다.

[표 4.18] 융합적 사고 촉진, 과정 중심 평가 내용 작성 예시

학생이 수업을 '듣는 참여자'가 아니라 '직접 사고하고 행동하는 학습자'로 참여했는지를 평가한다. 참여가 실제로 일어났음을 구조, 자료, 산출물로 증명해야 한다.

구분	실전 전략	작성 예시
문제 정의	참여 필요성을 [실태 자료]로 제시	수업 관찰 및 기존 활동 [분석 결과], 학생들은 발표와 토론에 소극적이었으며 자신의 생각을 근거로 설명하는 데 어려움을 보였다.
활동 설계	[학생 주도]의 [탐구·프로젝트] 구조 제시	학생들이 [스스로] 질문을 설정하고 자료를 탐색·해석한 뒤 해결안을 설계하여 공유하는 [프로젝트형] 수업으로 구성하였다.
토의 토론 운영	[토론]을 사고 표현 활동으로 구조화	[주장 - 근거 - 대안]의 틀을 활용한 [토론지]를 설계하여, 학생들이 자기 생각을 정리하고 기록하며 [토의]에 참여하도록 하였다.
협동 구조	[역할과 책임]이 분명한 [협동 학습] 설계	역할 카드와 기여도 체크를 통해 모둠 내 역할을 명확히 하고, 공동 산출물 제작 과정에서 [협업]이 이루어지도록 하였다.
증거 제시	[학생 참여]가 드러나는 구체적 자료 제시	토론 기록지, 역할 분담표, 산출물, 참여 체크리스트 및 활동 사진을 통해 [학생 참여]가 실제로 이루어졌음을 확인할 수 있었다.

[표 4.19] 능동적 수업 참여 활성화 수업 활동 작성 예시

02. [심사 기준1-2] 수업 혁신에 대한 노력 반영(40점)

미래형 수업 혁신 노력 (40)	6	AI·에듀테크 활용 등 미래형 교육 환경의 변화 반영
	7	교-수-평-기 일체화 노력
	8	함께학교 수업의 숲, 동료 교원 수업 나눔
	9	전문적 학습 공동체 수업 개선 노력
	10	수업 방식 변화

[표 4.20] 미래형 수업 혁신 노력 반영 심사기준

6 AI·에듀테크 활용 등 미래형 교육 환경의 변화 반영

AI·에듀테크는 나열이 아닌 수업 장면과 학생 변화 중심으로 서술한다.

구분	실전 전략	작성 예시
문제 정의	기술 활용이 필요한 **[수업 문제]**를 먼저 제시	실태 분석 결과, 학생 참여 저하와 피드백 지연으로 인해 학습 격차가 발생하고 있어 디지털 기반의 맞춤 지원이 **[필요한 상황]**이었다.
도구 선택	도구를 나열하지 않고 **[역할]**로 설명	패들렛은 학생 생각을 즉시 **[수집·공유]**하는 도구로 생성형 AI는 아이디어를 **[구체화]**하고 **[보완]**하는 도구로 활용하였다.
변화 제시	**[기술로 달라진 수업]** 장면을 구체화	즉각적인 피드백 제공과 개별 과제 제시가 **[가능]**해지면서 학생 참여 빈도와 산출물의 완성도가 눈에 띄게 **[향상]**되었다.
학생 변화	참여·피드백 변화가 **[학생 성장]**으로 연결	학생들은 자기 생각을 즉시 공유하고 수정하는 **[경험을 통해]** 탐구 과정에 더욱 적극적으로 참여하게 되었다.

[표 4.21] AI·에듀테크 활용 등 미래형 교육 환경의 변화 반영 내용 작성 예시

교육과정-수업-평가-기록이 하나의 흐름으로 연결되었는지를 본다.

단계	설명	보고서에 제시되는 산출물
교육과정 재구성	학생·교사·학교 여건을 고려해 "수업 후 학생이 무엇을 할 수 있게 할 것인가"를 중심으로 성취 기준을 구체화	재구성한 성취 기준 1~2개, 단원 흐름
수업 설계·실천	학생이 듣고 끝내는 수업이 아니라 직접 만들고 공유하는 참여 중심 수업으로 설계·운영	수업 흐름도, 활동 설계, 학생 산출물
수업 과정 평가	결과 점수보다 탐구·협력·수정 과정을 기준으로 평가하고 즉시 피드백	루브릭, 피드백 예시, 수정 전·후 자료
기록	학생 성장 과정을 사실·맥락·변화가 드러나도록 정리	기록 문장, 성찰 질문, 누적 포트폴리오

[표 4.22] 교-수-평-기 일체화 노력 내용 작성 예시

TIP 내 보고서에 평가 기준 드러나게 표현하기

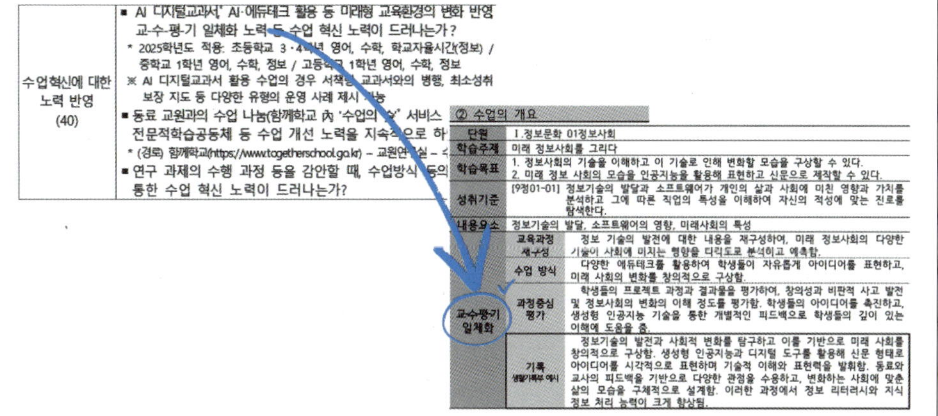

수업혁신에 대한 노력 반영 (40)	■ 'AI 디지털교과서' AI·에듀테크 활용 등 미래형 교육환경의 변화 반영 교-수-평-기 일체화 노력 등 수업 혁신 노력이 드러나는가? * 2025학년도 적용: 초등학교 3·4학년 영어, 수학, 학교자율시간(정보) / 중학교 1학년 영어, 수학, 정보 / 고등학교 1학년 영어, 수학, 정보 ※ AI 디지털교과서 활용 수업의 경우 서책형 교과서와의 병행, 최소성취 보장 지도 등 다양한 유형의 운영 사례 제시 가능 ■동료 교원과의 수업 나눔(함께학교 內 '수업의 샘' 서비스) 전문적학습공동체 등 수업 개선 노력을 지속적으로 하 * (경북) 함께학교(https://www.togetherschool.go.kr) – 교원연수실 – 수 ■연구 과제의 수행 과정 등을 감안할 때, 수업방식 등의 통한 수업 혁신 노력이 드러나는가?

② 수업의 개요

단원		Ⅰ.정보문화 01정보사회
학습주제		미래 정보사회를 그리다
학습목표		1. 정보사회의 기술을 이해하고 이 기술로 인해 변화할 모습을 구상할 수 있다. 2. 미래 정보 사회의 모습을 인공지능을 활용해 표현하고 신문으로 제작할 수 있다.
성취기준		[9정01-01] 정보기술의 발달과 소프트웨어가 개인의 삶과 사회에 미친 영향과 가치를 분석하고 그에 따른 직업의 특성을 이해하여 자신의 적성에 맞는 진로를 탐색한다.
내용요소		정보기술의 발달, 소프트웨어의 영향, 미래사회의 특성
교수평기 일체화	교육과정 재구성	정보 기술의 발전에 대한 내용을 재구성하여, 미래 정보사회의 다양한 기술이 사회에 미지는 영향을 디릭도로 분석하고 예측함.
	수업 방식	다양한 에듀테크를 활용하여 학생들이 자유롭게 아이디어를 표현하고, 미래 사회의 변화를 창의적으로 구상함.
	과정중심 평가	학생들의 프로젝트 과정과 결과물을 평가하여, 창의성과 비판적 사고 발전 및 정보사회의 변화의 이해 정도를 평가함. 학생들의 아이디어를 촉진하고, 생성형 인공지능 기술을 통한 개별적인 피드백으로 학생들의 깊이 있는 이해에 도움을 줌.
	기록 (생활기록부 예시)	정보기술의 발전과 사회적 변화를 탐구하고 이를 기반으로 미래 사회를 창의적으로 구상함. 생성형 인공지능과 디지털 도구를 활용해 신문 형태로 아이디어를 시각적으로 표현하며 기술적 이해와 표현력을 발휘함. 동료와 교사의 피드백을 기반으로 다양한 관점을 수용하고, 변화하는 사회에 맞춘 삶의 모습을 구체적으로 설계함. 이러한 과정에서 정보 리터러시와 지식 정보 처리 능력이 크게 향상됨.

심사위원은 하루에 수십 편의 보고서를 읽는다. 눈에 띄게 하려면 심사 기준에 있는 용어를 보고서의 소제목이나 본문에 그대로 노출시키는 것이 좋다.

- 예: "학생들이 좋아했다"(X) → "능동적 수업 참여를 활성화하였다"(O)
- 예: "수업을 고쳤다"(X) → "문제점 발견 및 환류를 통해 보완하였다"(O)

"나눴습니다", "협의했습니다"라는 서술만으로는 1등급이 되기 어렵다. 공유 → 피드백 → 수정 → 재적용으로 이어지는 반복 구조가 분명히 드러나야 하며, 그 과정 속에서 수업이 실제로 어떻게 변화했는지가 구체적으로 제시되어야 한다.

구분	실전 전략	작성 예시
문제 정의	단순 업로드가 아닌 **[바로 활용 가능한]** 자료 공유	수업의 숲에 수업 설계안, 활동지, 루브릭, 피드백 질문, 학생 산출물 예시를 함께 공유하여 동료 교원이 **[즉시 활용]**할 수 있도록 구성하였다.
같은 교과 협력	**[공동 설계]**–적용–개선의 반복 구조 제시	**[같은 교과 협의]**를 통해 성취 기준을 함께 해석하고 공동 자료를 개발한 뒤, 수업 적용 결과를 바탕으로 개선안을 반영하여 수정본을 재적용하였다.
같은 학년 협력	학년 단위 **[맞춤지원]** 체계로 확장	**[같은 학년 협의]**를 통해 학생들의 공통 이해 어려움을 공유하고, 다문화 학생의 어휘 난점을 고려해 쉬운 한국어와 영어를 병기한 과제 안내 자료를 개발하였다.
피드백 반영	**[동료 의견]**이 수업 수정으로 이어짐	**[동료 의견, 교원의 피드백]**을 반영해 질문 수준과 루브릭 문구를 **[수정]**하고, 다음 차시 수업에 **[재적용]**하였다.

[표 4.23] 함께학교 수업의 숲, 동료 교원 수업 나눔, 전문적 학습 공동체 수업 개선 노력 내용 작성 예시

수업 구조와 운영 방식을 변화시키려는 노력이 드러나는지를 평가한다. '새로운 활동을 추가했는가'보다 수업이 어떻게 달라졌는지 중점으로 작성한다.

구분	실전 전략	작성 예시
출발점	기존 수업의 **[한계]**를 실태 자료로 제시	수업 관찰과 과제 분석 결과, 학생 참여가 낮고 자신의 생각을 근거로 설명하는 데 어려움을 보이는 양상이 확인되어 **[수업 방식의 전환]**이 필요하였다.
변화 설계	활동 추가가 아닌 **[수업 구조 변화]**로 설명	설명 중심 수업에서 벗어나, 탐구 질문 설정 – 자료 분석 – 해결안 설계 – 공유로 이어지는 **[프로젝트 수업 구조로 재설계]**하였다.
과정 운영	**[점검–피드백–수정]**이 실제로 이루어짐	중간 점검 이후 제공한 **[피드백]**을 바탕으로 학생들이 산출물을 **[수정·보완]**하도록 하여, 최종 결과물의 완성도가 단계적으로 향상되었다.
학생 역할	**[학생 역할 변화]**가 드러나는 증거 제시	역할 카드와 기여도 체크를 통해 협업을 구조화하고, 학생이 근거를 들어 자신의 생각을 설명하고 해결안을 설계하도록 운영하였다.

[표 4.24] 수업 방식 변화 내용 작성 예시

PART 1

PART 2

PART 3

PART 4

PART 5

03. [심사 기준 2] 현장 적합성(10점), 연구 방법 적절성(5점)

현장 적합성 (10)	11	학생 참여
	12	자기주도학습
	13	현장 적용 가능한 학생 중심 교수학습
	14	현장 적용 가능한 과정 중심 평가
연구 방법 적절성(5)	15	연구 방법 및 설계 제시
	16	선행 연구 검토

[표 4.25] 현장 적합성, 연구 방법 적절성 심사기준

11 학생 참여 12 자기주도학습

참여는 학생이 무엇을 해야 하는지 분명히 드러나도록 설계되어야 하며, 자기주도 학습은 교사의 지속적인 개입 없이도 학습이 자연스럽게 이어지는 루틴이 작동해야 한다.

구분	실전 전략	작성 예시
과제 명세서	해야 할 일을 [명확히] 제시	[과제 상세 명세서]를 통해 학생이 수행해야 할 활동, 산출물 형태, 평가 기준을 한눈에 확인할 수 있도록 제시하였다.
역할·책임 구조	무임승차가 어려운 협력 구조 설계	자료 조사, 기록, 발표, 검증 등의 역할을 분담하고 기여도 체크를 병행하여, 모든 학생이 책임 있는 참여를 하도록 구조화하였다.
자기 주도 루틴	스스로 [점검·조절]하는 학습 흐름 운영	학생들이 '오늘 목표 – 내 역할 – 진행도 – 어려운 점 – 다음 행동'을 점검하는 체크리스트를 활용해 학습 과정을 스스로 관리하도록 하였다.

[표 4.26] 학생 참여, 자기주도 학습 내용 작성 예시

학생이 주도하는 교수·학습 방법과 과정 중심 평가가 이론에 머무르지 않고 실제 수업 시간 안에서 안정적으로 운영되는지를 평가하는 기준이다. 즉 해당 수업이 교실 현장에서 무리 없이 적용 가능한지를 중점적으로 본다.

구분	실전 전략	작성 예시
교수·학습 단계 통일	차시마다 동일한 **[수업 흐름]**으로 운영	매 차시를 '질문 세우기 – 자료 탐색 · 정리 – 만들기 · 표현 – 공유 · 성찰'의 **[공통된 흐름]**으로 운영하여, 학생들이 수업 구조를 먼저 익히고 **[주도적으로 참여]**할 수 있도록 하였다.
역할·시간·자료 고정	**[참여]**가 빠지지 않는 운영 구조 설계	모둠 내 역할과 활동 시간을 고정하고, 활동지와 자료 제공 형식을 동일하게 유지하여 수업 중 혼란 없이 **[참여]**가 이루어지도록 하였다.
에듀 테크 단순화	최소 도구로 단계별 **[역할]** 고정	수업에서 사용하는 에듀테크를 2~3개로 제한하고, 각 **[도구의 역할]**을 단계별로 고정하여 학생들이 도구 사용에 부담을 느끼지 않도록 하였다.
대체안 마련	환경 제약에도 수업이 **[멈추지 않도록]** 준비	기기나 네트워크 문제 발생 시에도 동일한 **[수업 단계를 진행]**할 수 있도록 오프라인 활동지를 함께 마련하여 수업 흐름이 끊기지 않도록 하였다.
과정 중심 평가 운영	짧고 반복 가능한 **[기록]** 루틴 설계	활동 종료 시 1~3분 이내로 기록할 수 있는 폼을 활용해, 학생이 자신의 학습 과정과 다음 행동을 간단히 **[점검]**하도록 하였다.

[표 4.27] 현장 적용 가능한 학생중심 교수학습, 현장 적용 가능한 과정 중심 평가 내용 작성 예시

수업 개선의 효과를 실제로 확인하고 검증하는 과정을 평가한다. 복잡한 연구 설계보다 현장에 맞는 연구 방법을 사용했는지가 중요하다.

구분	실전 전략	작성 예시
연구 설계	**[현장 여건]**에 맞는 연구 구조 선택	본 연구는 학급 단위 수업의 특성을 고려하여 단일 집단 **[사전-사후 설계]**를 적용하고 수업 전후의 변화를 **[비교·분석]**하였다.
사전·사후 도구	연구 **[목표]**와 직접 **[연결]**된 도구 활용	연구 목표와 연계된 루브릭과 **[체크 리스트]**를 활용하였으며, 기존 도구를 바탕으로 문항을 재구성하고 전문가 검토를 거쳐 **[타당성]**을 확보하였다.
과정 자료 수집	정량 자료를 보완하는 **[과정 자료]** 확보	점수 변화만으로 설명하기 어려운 **[학습 과정을 보완]**하기 위해 학습 로그, 수정 전·후 활동지, 토론 기록, 프로젝트 산출물을 함께 수집하였다.
분석·해석	**[정량·정성]** 자료를 연결해 해석	사전-사후 **[점수 변화]**와 함께 대표 사례를 **[정성 근거]**로 제시하여 변화의 정도와 그 원인을 함께 해석하였다.

[표 4.28] 연구 방법 및 설계 제시 내용 작성 예시

이론적 배경과 선행 연구 분석을 간결하게 정리하여, 연구의 출발점과 보완 방향을 명확히 제시한다.

구분	실전 전략	작성 예시
이론적 배경	핵심 개념 – 수업 설계 원리 – 연구 적용을 한 **[흐름]**으로 정리	구성주의 **[학습 이론]**은 학습자가 활동을 통해 스스로 의미를 구성하는 과정을 강조한다. 이에 따라 본 연구에서는 탐구와 프로젝트 중심 수업 설계를 적용하였으며 '질문 설정 – 자료 탐색 – 해결안 도출'의 구조로 수업을 구성하였다.
선행 연구 분석	공통 틀로 2~3편 비교 후 **[연구 보완점]** 제시	선행 연구들은 프로젝트 기반 수업을 통해 학생 참여를 높였다는 공통된 성과를 보였으나, 과정 기록과 피드백의 환류가 충분하지 않다는 한계가 있었다. 본 연구는 이를 **[보완]**하기 위해 루브릭과 디지털 기록을 활용하여 점검 – 피드백 – 수정이 수업 안에서 이루어지도록 설계하였다.

[표 4.29] 선행 연구 검토 내용 작성 예시

04. [심사 기준 3] 내용과 실천의 일치성(15점)

지속 가능성	17	지속 가능한 실천
내용 적합성	18	학생 수준 적합, 발달 단계 고려
피드백	19	문제점 발견 – 개선 - 보완 과정

[표 4.30] 내용과 실천의 일치성 심사기준

17 지속 가능한 실천

보고서에 제시한 수업 방법과 실제 수업 실행이 일치하며 해당 교과·학년의 수업 방법 개선이 일정 기간 지속적으로 운영 가능한지를 평가하는 기준이다. 이 항목은 '한 번 잘했는가'보다 계속할 수 있는 수업인가를 본다.

구분	실전 전략	작성 예시
설계 원칙	특정 도구에 종속되지 않는 구조 제시	본 수업은 특정 기기나 유료 플랫폼에 의존하지 않고, 동일한 수업 흐름을 [다양한 환경]에서 적용할 수 있도록 설계하였다.
도구 활용	대체 가능한 도구 구조 명시	주요 활동은 온라인 보드, 종이 활동지 등으로 대체 가능하도록 설계하여 [학교 여건에 따라 유연]하게 운영할 수 있도록 하였다.
운영 지속성	[반복] 적용 가능한 수업 루틴 제시	매 차시 동일한 수업 흐름과 활동 구조를 유지하여, 교사와 학생 모두가 부담 없이 지속적으로 [수업에 참여]할 수 있도록 하였다.
실천 일치성	보고서 내용과 실제 수업의 [일치]	보고서에 제시한 수업 설계와 평가 방식이 실제 수업 운영과 [동일하게 적용]되었으며, 이를 수업 영상과 학생 산출물로 확인할 수 있었다.

[표 4.31] 지속 가능한 실천 내용 작성 예시

"수준에 맞췄다"라는 설명에 그치지 않고, 학습자 차이를 어떻게 진단했는지, 그리고 그 결과 수업이 어떻게 달라졌는지를 구체적인 자료와 구조를 통해 명확히 제시한다.

구분	실전 전략	작성 예시
수준 진단 근거	**[학습자 차이]**를 확인한 자료를 먼저 제시	사전 설문과 수업 관찰 결과, 학생 간 어휘 이해 수준과 기초 학습 능력, 디지털 도구 활용 숙련도에 차이가 확인되어 **[과제 난이도]**와 도구 사용 방식을 **[조정]**하였다.
단계화 자료 제공	따라 하면 완성되는 구조로 활동 설계	복잡한 활동은 '자료 확인 – 핵심 키워드 선택 – 문장 완성 – 공유'의 단계로 **[세분화]**하고, 빈칸형 학습지와 완성 예시를 함께 제공하여 모든 학생이 **[활동을 수행]**할 수 있도록 하였다.

[표 4.32] 학생 수준 적합, 발달 단계 고려 내용 작성 예시

19 문제점 발견 - 개선 - 보완 과정

문제 발견 → 원인 분석 → 보완 → 재적용이 반복된 개선 과정으로 드러나도록 작성한다. 다음 차시나 다른 학급에 재적용한 결과를 수정하기 전·후 비교 자료로 제시하면 설득력이 높아진다. 수업 일지에 작성하면 좋다.

구분	실전 전략	작성 예시
문제 발견	수업 중 나타난 문제를 **[관찰 가능한 현상]**으로 제시	활동 초반, 일부 학생이 과제의 핵심을 이해하지 못해 참여가 지연되고 산출물의 질이 고르지 않게 나타나는 문제가 **[관찰]**되었다.
원인 분석	학생 요인이 아닌 **[설계 요소]**에서 원인 도출	문제의 원인은 과제 안내 자료가 한 번에 제시되어 활동 절차를 파악하기 어려웠던 설계 구조에 있다고 판단하였다.
보완	원인에 맞는 **[구체적 조정]** 내용 제시	과제 절차를 단계화하고 핵심 예시를 추가하여 안내 자료를 **[수정]**하고, 중간 점검 **[피드백]** 시간을 확보하였다.

[표 4.33] 문제점 발견 - 개선 - 보완 과정 내용 작성 예시

05. [심사 기준 4] 기여도(10점)

확산 가능	20	학교 교육 활동 활성화에 기여
	21	체계적 구체적 제시, 타학교 적용 가능
기여도	22	수업 혁신 기여
	23	학생의 교육적 성장

[표 4.34] 기여도 심사기준

> **20 학교 교육 활동 활성화에 기여**
> **21 체계적 구체적 제시, 타학교 적용 가능**

"효과가 있었다"라는 평가에 그치지 않고 교과가 달라도 유지되는 핵심 구조와 바로 적용 가능한 자료 패키지를 함께 제시하여 현장에서 즉시 활용 가능함을 증명한다.

구분	실전 전략	작성 예시
전이 가능 구조	교과 공통으로 적용 가능한 절차를 **[모형]**으로 제시	본 수업은 '문제·질문 설정 – 탐구·제작 – 공유 – 성찰·개선'의 4단계 구조로 설계하여, **[교과가 달라져도]** 동일한 절차로 적용 가능하도록 하였다.
다른 학교 적용	**[학교 여건]** 차이를 고려한 최소 조건과 **[대체안]** 제시	1인 1기기 환경이 갖춰지지 않은 경우에도 종이 활동지와 모둠 보드를 활용해 동일한 수업 절차를 운영한 뒤, 사후에 결과물을 업로드하는 방식으로 적용 가능하도록 설계하였다.
즉시 적용 패키지	설계안 – 자료 – 평가 – 기록까지 **[세트]**로 제공	차시별 수업 흐름, 활동지, 템플릿, 루브릭, 학생 기록 폼과 기록 문장 **[예시를 함께 제공]**하여, 다른 교사가 별도의 재구성 없이 바로 활용할 수 있도록 하였다.

[표 4.35] 학교 교육 활동 활성화에 기여, 체계적 구체적 제시, 타학교 적용 가능 내용 작성 예시

보고서의 결론은 '잘 끝냈다'가 아니라 '왜 이 수업이 학교에 필요했는지'를 남긴다.

구분	실전 전략	작성 예시
성공 선언	연구가 **[해결]**한 핵심 문제를 한 문장으로 고정	본 연구는 학생 참여 저하와 피드백 지연이라는 수업의 구조적 **[문제를 해결]**하고, 학생 주도 탐구·표현 중심 수업으로의 **[전환]**을 이루었다.
성장 근거	정량, 정성, **[산출물]**로 최소 증거 세트 구성	사전−사후 검사에서 **[참여 지표가 상승]**하였고 대표 학생 사례 분석에서 자기 조절과 근거 제시 능력의 **[변화가 확인]**되었으며, 수정 전·후 산출물을 통해 **[성장 과정]**이 드러났다.
개별 성장	평균 수치보다 '**[개별 성장]** 경로'를 제시	참여가 소극적이던 학생이 **[역할 수행]**을 통해 토의에 참여하고, 피드백 반영 과정에서 자기의 주장에 근거를 덧붙이는 등 **[개인별 성장 양상]**이 확인되었다.
파급 효과	교실을 넘어 **[학교에 미치는]** 의미를 제시	본 수업 모형은 교사 중심 설명 수업에서 학생 중심 수행 수업으로의 전환을 촉진하며 다양한 교과에서 과정 기록과 피드백 중심 **[수업 문화를 확산]**시키는 데 기여할 수 있다.

[표 4.36] 수업 혁신 기여, 학생의 교육적 성장 내용 작성 예시

4. 연구대회 제출용 영상 편집 꿀팁

수업 동영상은 보고서와 동등한 100점 만점 독립 평가 대상이다. 보고서에서 설명한 수업이 실제로 일어났음을 증명하는 핵심 근거가 된다.

구분	제출 내용
개인 연구	1차시 수업 전체분 1개 + 15분 요약분 1개
공동 연구	1차시 수업 전체분 2개 + 15분 요약분 2개(각자 촬영 필수)

[표 4.37] 수업혁신사례연구대회 영상 제출 내용

수업 동영상의 항목, 규격, 감점 사항은 다음과 같다.

항목	규격	항목	규격
확장자	mp4, mpg, avi, wmv (미준수 시 심사 제외)	용량	개인: 4.7GB 이하 공동: 9.4GB 이하
화면 크기	1280×720 권장	제출 방식	USB 1개(라벨 부착 봉투 봉인)

[표 4.38] 수업혁신사례연구대회 영상 항목과 규격

주의! 동영상 감점 사항

- 여러 차시 편집 재구성 → 심사 제외
- 인트로, 아웃트로 포함 별도 영상 삽입 → 건당 1점 감점
- 이름, 학교명, 지역명 포함 학생·교사 정보 노출 → 건당 1점 감점
- 효과음, 전환 효과 사용 → 감점

동영상의 심사 기준은 다음과 같다.

심사 기준	평가 영역	평가 내용
연구 과제와 수업 설계 (30)	수업 설계 (10)	• 연구 과제 해결을 위한 실천 내용이 드러나도록 수업을 설계하였는가?
	수업 내용 (20)	• 학생의 능력, 적성, 소질 등을 고려하여 학생의 특성에 적합한 수업 내용을 설계하였는가?
수업 실천 능력 (50)	수업 운영 (40)	• AI 디지털 교과서, AI·에듀테크 활용 등 미래형 교육 환경의 변화를 반영하고, 학생의 능동적 수업 참여를 활성화할 수 있는 수업 활동(프로젝트, 토의 토론형 활동 등)으로 이루어지고 있는가? • 학습 목표 및 학생의 특성과 요구에 부합하는 수업 방법을 적용하고 있는가?
	과정 중심 평가 (10)	• 교수학습과 평가 활동이 일관성 있게 이루어지고 있는가? • 과정 중심 평가 및 수업의 질 개선을 위한 평가가 이루어지고 있는가?
연구 과제와 수업 실천의 일치성 (20)	수업 방법 및 자료 일치성 (15)	• 연구 과제 해결을 위한 수업 혁신의 방법과 내용을 수업안에서 충실하게 실천하고 있는가? • 연구 과제 목표와 실행 방법이 수업과 전반적으로 일치하는가?
	일반화 가능성 (5)	• 연구 과제가 다른 학년, 다른 교과 수업에도 일반화하기에 용이한가?

[표 4.39] 수업혁신사례연구대회 영상 심사기준(2025년 전국대회)

01. 영상은 '편집'보다 '기획'이 점수를 만든다

연구대회 영상에서 가장 흔한 오해는 "편집을 잘해야 점수를 받을 수 있다"라는 생각이다. 그러나 실제 심사에서는 편집 기술보다 수업 구조가 더 중요하다.

고득점 영상의 공통점
• 한 차시 수업의 의도 – 전개 – 학생 반응 – 교사 개입이 명확함
• 활동 장면이 끊기지 않고 자연스럽게 연결됨
• 보고서에 쓴 핵심 전략이 영상 속에서 그대로 확인됨
• 과정 중심 평가 장면이 실제 수업 흐름 속에서 분명히 드러남

[표 4.40] 고득점 영상 공통점

영상 차시는 보고서 작성 이전에 먼저 결정하는 것이 바람직하다. 전체 차시 중에서 심사 기준과 평가 요소가 가장 잘 드러나는 한 차시를 선정해야 한다.

구분	점검 내용
연구 대표성	이 차시가 내 연구 전체를 가장 잘 보여 주는가
과제 해결	연구 과제를 해결하는 주요 장면이 포함되는가
참여 장면	학생 참여가 가장 잘 드러나는 순간은 어디인가
교사 개입	교사가 수업을 조정하고 이끄는 장면이 있는가

[표 4.41] 영상 촬영 차시 선택

차시 선정 시 점검 내용과 촬영 전 수업 설계 점검 내용은 아래 표와 같다.

구분	수업 설계 점검표
수업 설계	어떤 차시가 연구의 핵심을 가장 잘 보여 주는가
수업 내용	학생 맞춤 수업(기초 학력·다문화·심화·관심사)이 어디에서 드러나는가
수업 운영	AI·에듀테크 활용 장면이 연구의 강점을 보여 주는가
학생 참여	학생의 능동적 참여가 명확히 보이는 장면은 어디인가
교사 역할	교사가 개입해 수업을 조정하는 순간은 어디인가
과정 중심 평가	평가가 수업 중 어떤 방식으로 드러나는가

[표 4.42] 영상 촬영 차시 수업 설계 점검표

02. 카메라는 고정, 수업은 움직이게 하라

연구대회 영상은 다큐멘터리가 아니다. 카메라가 따라다니는 영상보다 한 자리에서 수업 흐름이 보이는 영상이 훨씬 안정적으로 평가된다. 심사위원이 "어디를 봐야 하지?"가 아니라 "아, 지금 이 장면이 핵심이구나"를 느껴야 한다.

구분	촬영 원칙
카메라 위치	교실 뒤편 가운데 고정
화면 구성	학생 활동·교사 이동·칠판·발표가 한 화면에 보이도록
모둠 활동	화면 좌우 이동으로 자연스럽게 포착
학생 발표	부분 클로즈업
정리 단계	교실 전체 화면 유지

[표 4.43] 영상 촬영 원칙

03. 45분 수업 → 15분 요약 영상의 핵심은 '삭제 기준'

영상 요약은 잘라내기의 기술이다. 기준 없이 자르면 흐름이 무너지고, 기준이 있으면 15분이 자연스럽게 완성된다. 학생의 말이 없는 영상은 과정 중심 평가 점수를 받기 어렵다. 교사의 말보다 학생의 말이 더 많이 나와야 한다.

과감히 줄여도 되는 장면	반드시 남겨야 할 장면
• 교사 설명이 길게 이어지는 부분 • 활동 준비·정리 중 반복 장면 • 학습지 배부·이동 시간	• 학생이 스스로 생각을 말하는 장면 • 토의·협력 과정 • 교사가 학생 반응을 보고 개입하는 순간 • 수업 목표와 직접 연결되는 활동

[표 4.44] 영상 요약 방법

04. 자막은 '설명'이 아니라 '안내판'이다

연구대회 영상에서 자막은 선택이 아니라 필수 도구이다. 자막의 목적은 말 대신 설명하는 것이 아니라 심사위원의 시선을 안내하는 것이다. 따라서 자막 문장은 반드시 심사 기준 용어를 활용해 작성해야 한다.

효과적인 자막 유형	피해야 할 자막
• 수업 단계 안내: 탐구 활동, 모둠 토의, 정리 및 성찰 • 연구 과제와 연결되는 자막: - > 연구 실천 과제 ① 학생 참여 구조 개선 • 학생 발화 보조 자막: 발표 내용이 잘 들리지 않을 때 핵심 문장 요약	• 감성 문구 • 효과음과 함께 나오는 강조 자막 • 전환 효과, 애니메이션

[표 4.45] 영상 자막 작성 방법

05. 영상에 '보고서 내용'을 숨기지 말고 보여 줘라

고득점 영상의 특징은 보고서를 읽지 않아도 연구의 핵심이 영상만으로 이해된다는 점이다. 심사위원은 영상만 보고도 "이 교사는 무엇을 연구했는지"를 파악할 수 있어야 한다.

구분	자막에 드러내야 할 정보
수업 모형	적용한 수업 모형 명시
연구 과제	연구 실천 과제 번호
평가 장면	과정 중심 평가 장면
학생 변화	학생 변화와 연결되는 활동

[표 4.46] 영상 자막에서 드러나야할 내용

심사위원이 놓칠 수 있는 부분 드러내기

심사위원이 놓칠 수 있는 장면은 자막으로 보완해야 한다. 학생 발표가 잘 들리지 않으면 요약 자막을 넣고, 지도안의 어느 단계를 진행 중인지도 자막으로 명확히 표시한다.

06. 내 목소리가 잘 들리는 꿀팁

교실 뒤편 고정 촬영 시, 마이크를 사용하더라도 음성이 불분명해질 수 있다. 이때는 별도의 음성 녹음 기기를 함께 사용하는 것이 효과적이다. 촬영 전 녹음을 켜 두었다가, 편집 과정에서 영상과 합쳐 사용하면 된다.

스마트폰 또는 태블릿 PC의 음성 녹음 기능 활용

스마트폰 또는 태블릿 PC 1~2대, 음성 녹음 앱을 사용해 동영상 녹화와 동시에 녹음을 하고 동영상 편집시 음성을 입힌다.

위치	개수	비고
교사 위치	교탁 또는 칠판 앞 1대	필수
학생 발표 위치	발표대 근처 1대	학생 발표 없으면 생략 가능

5. 최종 제출 전 확인 - 감점 0점 전략

연구대회에서의 탈락과 감점은 연구 내용보다 제출 규정 위반에서 발생하는 경우가 훨씬 많다. 심사위원은 연구를 읽기 전에 먼저 규정 충족 여부를 확인한다. 따라서 최종 제출 전에는 감점 요소를 하나씩 점검하는 과정이 반드시 필요하다.

01. 연구 보고서 감점 사항

가. 분량 초과(최대 -2.0점)

감점 항목	기준	감점 점수
연구 보고서 분량 (기준 25쪽)	1쪽 이상 ~ 2쪽 미만 초과 시	0.5
	2쪽 이상 ~ 3쪽 미만 초과 시	1
	3쪽 이상 ~ 4쪽 미만 초과 시	1.5
	4쪽 이상 ~	2

[표 4.47] 보고서 분량 초과에 따른 감점 사항

확인 포인트

- 표지·목차·부록 제외 본문 25쪽 이내인지 확인
- PDF 변환 후 실제 페이지 수 재확인
- 표 분리·여백 오류로 페이지 늘어나지 않았는지 확인
- 중복 쪽 번호 여부 확인
- 참고 문헌·부록은 페이지 수에 미포함

나. 제출 형태 및 양식 미준수(각 0.5점 감점)

- 제본 방식 오류, 인쇄 방식 오류

- 표지 양식 미준수

- 기타 형식 오류(파일명, 제출 기한, USB 라벨 등)

확인 포인트

- 제본 방식: 좌철
- 인쇄 방식: 양면
- 표지 양식: 공문으로 제공된 표지 양식/무코팅/흑백
- 기타: 파일명 규정 준수
- USB 봉투 라벨 양식 부착

다. 연구자 인적 사항 노출(각 1.0점 감점)

- 보고서 본문에 연구자 성명, 학교명 기재

- 학생 작품/활동지에 학교명, 교사명 노출

- 사진 속 교복, 명찰, 현수막 등 학교 식별 정보

- PDF 파일 속성에 작성자명 포함

확인 포인트

- 보고서 본문에 연구자 성명·학교명 미기재
- 학생 작품·활동지 모자이크 처리
- 사진 속 교복 · 명찰 · 현수막 · 칠판 · 교탁에 학교명 제거
- QR코드·링크 연결 페이지에 학교명 없는지 확인
- PDF 파일 속성 → 작성자명 삭제
- 가정통신문·공문 내 지역 교육청명, 학교명 제거
- 연수 이수증·대학명 등 간접 식별 정보 제거

라. 공동 연구 시 필수 기재 사항 누락(2.0점 감점)

- '공동 연구의 필요성 및 목적' 미기재

- 각 연구자의 역할 분담 및 기여도 미기재

확인 포인트

- 공동 연구의 필요성 및 목적 명시
- 연구 설계 단계에서 각 연구자의 역할과 기여도 구체화

02. 수업 동영상 감점 사항

가. 별도 영상 삽입(각 1.0 감점)

- 인트로, 아웃트로, 타이틀 화면 등 별도 영상 삽입
- 화면 전환 효과, 음향 효과, BGM 사용
- 학생 활동 외 별도 화면 삽입

확인 포인트

- 인트로·아웃트로·타이틀 화면 삽입 없음
- 자막 외 모든 화면 전환·음향 효과·BGM 제거
- 학생 활동 화면만 사용
- 별도 화면 없이 자막 설명만 허용

나. 연구자 및 학생 인적 사항 노출(각 1.0 감점)

- 동영상 속 교사 이름, 학교명, 학생 이름 노출
- 칠판/PPT/활동지에 학교명, 교사명 노출
- 학생 호명 시 실명 노출

확인 포인트

- 교사·학교·학생 이름 모자이크 처리
- 칠판·PPT·활동지 속 학교명·교사명 블러 처리
- 학생 호명 음성 제거 또는 '1번 학생' 자막 대체
- 교복·명찰·현수막·교탁 교표·칠판 학교명 등 간접 식별 정보 모자이크

동영상 검토!

동영상 편집 프로그램에서 '모자이크 트랙' 추가하여 인적 사항 노출된 부분에 모자이크 처리를 하여 전체 영상을 검토한다.

다. 동영상 파일 형식 및 용량

구분	내용	구분	내용
파일 형식	mp4 / mpg / avi / wmv 중 1	제출 수	전체 분 1 + 요약 분 15분 (개인 2개 / 공동 4개)
해상도	1280×720 이상 권장	제출 방식	USB 제출(양식 6 라벨 부착)
용량	개인 4.7GB 이하 / 공동 9.4GB 이하(2025년 기준)		

[표 4.48] 영상 파일 형식 및 용량

확인 포인트

- 파일 형식, 해상도, 용량 규정 준수
- 파일명 규정 준수(예: 수업 동영상 - 교과교육 - 초등 - ○○초 - 홍길동.mp4)
- USB 라벨 부착 및 대봉투 동봉
- 전체 분 제출 시 1차시 수업을 통째로 녹화 → 자막만 추가 원칙

03. 심사 제외 사항(즉시 탈락)

가. 심사 제외 대상

- 연구 보고서 미제출

- 수업 동영상 미제출(전체 분 + 요약 분 15분)

- 부록 미제출(학습지, 평가 도구, 학생 결과물 등)

- 동영상 파일 재생 불가(손상된 파일)

나. 동영상 편집 오류

- 여러 차시 수업을 재구성한 영상(예: 1차시 도입 + 2차시 전개 편집)

- '1차시 수업'이 아닌 편집 영상

다. 초상권 및 저작권 문제

- 학생 초상권 동의서 미확보

- 동의하지 않은 학생의 얼굴 노출

- 외부 영상, 음악, 이미지 저작권 침해

- 출처 미명시

초상권 동의서 확보

학기 초 학생 및 학부모에게 초상권 동의서를 가정통신문을 통해 발송하여 사전 확보한다.

라. 연구 윤리 위반 - > 연구 윤리 위반 적발 시 향후 3년간 참가 제한

- 표절, 중복 게재, 데이터 조작
- 타인 연구 인용 시 출처 미표기
- 자기 표절(연구 학교 보고서, 논문, 공모전 등 중복 제출)

04. 자주 놓치는 실수

자주 놓치는 실수	확인 방법
학생 결과물 속 학교명/교사명	활동지 사진 1장씩 확대 확인
PDF 파일명에 이름 포함	파일명 : '2025_수업 혁신_123번.pdf' 형식
동영상 용량 초과	개인 4.7GB / 공동 9.4GB 확인
PDF 변환 시 표 깨짐	인쇄 미리보기로 최종 확인
공동 연구 필요성 누락	서론 1페이지 이내 기재 확인

[표 4.49] 제출 전 실수 줄이기

05. 연구대회 제출 전 체크 리스트

구분	체크 리스트(2025년 기준입니다)	
표절	• 카피킬러 표절률이 20% 이하인가?	☐
	• 표절 의심 부분이 연구 목적, 연구 결과(설문 결과 수치 일치) 등 주요 부분에 몰려 있지 않은가?	☐
	• 이 연구를 연구 학교 보고서, 논문, 공모전 등에 제출한 자기표절은 아닌가?	☐
형식	• 총 25쪽 이내인가? (요약서 1쪽 ☐, 본문 및 부록 24쪽 이내 ☐) - 공동 연구라면 공동 연구의 필요성 및 목적이 포함되어 있는가? ☐	☐
	• 여백 규격 상/하/머리말/꼬리말 15, 좌/우 25, 제본 10을 맞췄는가?	☐
	• 표에 들어가지 않은 본문 규격을 맞췄는가? (들여쓰기 10 ☐, 본문 글씨체 휴먼명조 12포인트 ☐, 줄 간격 160% ☐, 문단 위 5 ☐, 문단 아래 0 ☐)	☐

구분	체크 리스트(2025년 기준입니다)	
보고서	• 교수학습 과정안이 2개, 수업 일지가 반드시 포함되어 있는가?	☐
	• 보고서 내 사진, 공문, 서술에도 개인정보가 포함되지 않는가? (가정통신문, 공문 지역 교육청명, 대학교 이름, 학교 이름, 연수 이수증 주의)	☐
	• 보고서 내 QR코드 및 링크에 개인정보가 노출되어 있지 않은가? (가정통신문 학교 이름, 학생 사진 속 뒤 학교 이름, 교탁이나 칠판 위에 붙어 있는 학교 이름, 수업 자료의 교사와 학교 이름, 학생 결과물의 학교 이름 개인정보)	☐
	• 목차는 페이지와 일치하며 ☐, 페이지 번호가 순서대로 잘 매겨져 있는가? ☐	☐
	• 저작권 문제가 없는 것을 사용했는가? (이미지, 배경, 글꼴 등)	☐
	• 참고 문헌 작성을 하였는가?	☐
출력	• 요약서 - 목차 - 본문 - 부록(교수학습 과정안, 수업 일지 등) 순서로 ☐, 양면 인쇄 및 흑백 출력하였는가? ☐	☐
	• 보고서 표지는 반드시 정해진 서식으로 무코팅지에 출력하였는가? (제본 시에도 제본 표지 선택은 광택이 없는 '스노우지'로 선택해야 하며 25쪽 보고서 위에 단면 표지 한 장 추가하면 됩니다.)	☐
동영상	• 영상 길이 45분, 15(요약)분(개인 2개 제출, 공동 4개 제출) ☐ - 전체 파일 크기 개인 4.7G 이하, 공동 9.4G 이하인가? ☐ - 화면 크기 1280x720인가? ☐ - 확장자가 mp4, mpg, avi, wmv인가? ☐	☐
	• 자막 처리 이외에 인트로 아웃트로를 비롯한 영상 효과 등을 하지 않았는가?	☐
제출 파일	• 보관용 보고서 1부(시·도 보관) (인적 사항 기재, 뒤에 표절대리작 검증 확인서, 출품 서약서까지 함께 제본), 심사용 보고서 4부(인적사항 미기재)를 준비했는가?	☐
	• 실사 확인서 : 연구 보고서에 부착하지 않고 낱장으로 제출 준비하였는가?	☐
	• 초상권 동의서(학생용 원본) : 원본 동의서 제출 준비를 하였는가?	☐
	• USB 정리 목록 - 보고서 : 심사용 파일 2개(pdf, hwp), 보관용 파일 2개(pdf, hwp) ☐ - 동영상 : 45분, 요약본 2개 ☐ [수업 동영상 - 영역 (교과교육/창체/융합교육) - 학교급 - 소속교 - 성명. 확장자] [수업 동영상(요약분) - 영역(교과교육/창체/융합교육) - 학교급 - 소속교 - 성명. 확장자] - 표절 검사 요약본, 상세본(각 1개씩 2개) [(표절 검사) 요약 보기 - 학교명 - 성명.pdf, (표절 검사) 상세 보기 - 학교명 - 성명.pdf] - 학생 초상권 동의서 스캔본 파일 [초상권 동의서 - 학교명 - 성명.pdf] ☐	☐
	• USB는 라벨 서식을 부착한 대봉투에 부착하여 봉투에 동봉하였는가?	☐

[표 4.50] 제출 전 체크리스트

Chapter 3

디지털교육연구대회

"기술로 교실을 바꾸고 싶다면, 지금 도전하세요!"

디지털교육연구대회는 디지털 기술을 활용한 수업 혁신을 통해 학생들의 미래 역량을 강화하고, 우수한 디지털 수업 모델을 발굴하여 현장에 확산하는 데 목적이 있다.

이 연구대회는 교육부(후원)와 한국교육학술정보원(KERIS, 주최 · 주관)이 운영하며, 단순히 디지털 도구를 소개하는 것이 아니라 "그 기술이 학생들의 배움에 진짜 도움이 됐는가", "옆 반 선생님도 내일 바로 따라 할 수 있는가"를 가장 중요한 평가 기준으로 삼는다.

구분	내용
대회의 본질	디지털 기술을 매개로 교실 수업을 혁신하고, 학생들의 미래 역량(디지털 리터러시, 문제 해결력)을 강화
참가 대상	전국 유·초·중등학교 및 특수학교 교원(개인 또는 2인 공동 연구, 동일 학교급만 가능)
출품 영역	3개 분과 중 택 1(디지털 교수학습 / 교육용 SW·AI / 학교 경영)
평가 핵심	• 일반화 가능성 및 시사성 • 디지털 도구의 맥락적 활용 • 학습자 주도성 신장 • 디지털 소외 계층 포용
심사 자료	• 요약서, 본문, 참고 자료를 포함해서 총 35쪽 이내 보고서 • 발표 및 현장 심사
입상 혜택	• 1등급: 교육부 장관상 / 2·3등급: KERIS 원장상 • 연구 실적 평정점 • 우수 입상자 국외 연수 기회

[표 4.51] 디지털교육연구대회 개요

1. 디지털교육연구대회의 차별점

01. 일반화 가능성 = 40점(최고 배점)

디지털교육연구대회에서 가장 비중이 큰 평가 요소는 일반화 가능성이다. 핵심 질문은 단 하나이다. "다른 교사도 내일 바로 적용할 수 있는가?"이다. 아무리 혁신적인 수업이라도 '나만 할 수 있는 수업'이면 높은 점수를 받기 어렵다.

항목	작성 내용
자료 공유	• QR코드 또는 구글 드라이브 링크 제공 • 수업 자료·활동지 다운로드 가능하도록 제시
무료 도구 활용	• 특별한 장비 없이 가능함을 명시 • 교실 내 태블릿, 크롬북 활용 등 환경 조건 제시
적용 팁 제시	• '이렇게 하면 쉽습니다' 섹션 구성 • 예상 문제와 해결 방법 함께 제시
확산 사례	• 같은 학년 교원의 적용 사례 제시 • 다른 학교 적용 가능성 명시

[표 4.52] 디지털교육연구대회 일반화 가능성 작성내용

02. 도구 선택의 근거 = 핵심 설득 포인트

디지털교육연구대회는 도구 사용 여부가 아니라 선택의 이유를 평가한다. "무엇을 썼는가"보다 "왜 이 도구였는가"가 중요하다.

항목	작성 내용
도구별 선택 이유	도구마다 "○○ 역량 신장을 위해" 1~2문장 필수
대안 검토	"A, B, C 도구를 비교한 결과, B를 선택한 이유는…"
교육적 효과	"이 도구의 ○○ 기능이 학생 참여를 ○% 향상시켰다"
기술적 특장점	실시간 협업, 즉각 피드백 등 기능 중심 근거 제시

[표 4.53] 디지털교육연구대회 도구 선택 근거 작성내용

작성 예시

- **잘못된 예**: 패들렛을 사용했다.
- **올바른 예**: 학생들의 실시간 의견 공유와 상호 피드백을 위해 패들렛을 선택했다. 구글 클래스룸과 비교했을 때, 패들렛의 시각적 배치 기능이 아이디어 연결성을 높이는 데 더 적합했다.

03. 학습자 주도성 명명

디지털 도구를 교사가 시킨 대로 사용했는지가 아니라 학생이 선택하고 활용했는지를 분명히 보여 줘야 한다.

항목	작성 내용
학생 선택권	3개 도구 중 팀별로 선택하도록 설계
학생 주도 활동	학생이 직접 ○○를 설계·실행
학생 목소리	학생 인터뷰 인용: "처음엔 어려웠는데, 이 기능을 쓰니…"
교사 역할	교사는 촉진자로서 ○○를 지원

[표 4.54] 디지털교육연구대회 학습자 주도성 작성내용

작성 예시

- **잘못된 예**: 교사가 챗GPT로 질문을 생성해 학생들에게 제시했다.
- **올바른 예**: 학생들이 챗GPT를 활용해 스스로 탐구 질문을 생성하고, 교사는 질문의 질을 높이는 방향으로 피드백했다.

04. 디지털 소외 계층 포용

디지털교육연구대회는 디지털 격차 해소 여부를 중요하게 평가한다. 기기 미소지 학생, 디지털 리터러시가 낮은 학생도 배제되지 않았는가를 본다.

항목	작성 내용
접근성 보장	기기 미소지 학생을 위한 대여 및 보완 체계
디지털 격차 해소	디지털 리터러시가 낮은 학생을 위한 튜토리얼 제공
대안 마련	온라인 접속 불가 시 오프라인 대체 활동
전체 참여율	100% 학생 참여 달성 전략

[표 4.55] 디지털교육연구대회 디지털 소외계층 포용 작성내용

작성 예시

스마트폰이 없는 3명의 학생을 위해 학교 태블릿을 대여했으며, 디지털 도구 사용이 서툰 학생들을 위해 '디지털 버디(또래 도우미)' 제도를 운영했다.
그 결과 전체 24명 학생이 100% 참여했다.

05. 학교급별 연구의 차이점

가. [초등학교] 분석 키워드: 경험 중심 디지털 학습

초등학교 보고서는 경험과 참여를 통해 디지털 기초 역량을 형성하는 과정에 초점을 둔다. '잘했는가'보다 작은 행동 변화와 참여의 증가를 성과로 제시하는 것이 핵심이다.

강조점	• 자기표현, 참여 태도, 디지털 기초 경험 → 작은 행동 변화와 참여 증가
탐구 주제	• 정서·경험 중심 문제를 관찰·기록을 통해 질문으로 전환
보고서 전략	• 에듀테크를 생각 표현과 경험 공유 도구로 활용 → 시각화 결과를 포트폴리오로 축적 • 참여 장면·행동 변화 중심 분석 • 배움이 가정 생활로 확장된 사례 강조

[표 4.56] 디지털교육연구대회 초등학교 보고서 분석

나. [중학교] 분석 키워드: 개념 중심 AI 탐구

중학교 보고서는 교과 개념 이해를 바탕으로 한 AI 탐구 설계를 중심으로 한다. 사고의 깊이와 관점 확장이 핵심 성과로 제시된다.

강조점	• 개념 이해와 관점 확장 → 디지털 리터러시, 비판적 사고, 협력적 문제 해결
탐구 주제	• 디지털 시민성, 정보 윤리, AI와 사회 등 개념 기반 주제
보고서 전략	• AI를 활용한 질문 생성 및 관점 확장 • 정량·정성·로그 데이터의 균형 있는 분석 • 탐구 과정과 사고 변화 중심 평가 • 다른 교과·학년으로 적용 가능한 탐구 구조 제시

[표 4.57] 디지털교육연구대회 중학교 보고서 분석

다. [고등학교] 분석 키워드: 학문적 탐구와 논증

고등학교 보고서는 데이터 분석과 논증을 기반으로 한 학문적 탐구 역량의 성장을 핵심 성과로 제시한다. 탐구 결과의 논리성·타당성·일반화 가능성이 중요하다.

강조점	• 학문적 사고와 논증 구조화 → 데이터 리터러시, 논리적 추론, 메타인지, 학문 탐구 역량
탐구 주제	• 사회 구조, 기술 윤리, 데이터 편향성 등 학문적·사회적 쟁점
보고서 전략	• AI를 활용한 논증 검증 및 정교한 분석 • 통계 분석을 포함한 정량 중심 변화 분석 • 고급 정량 분석으로 개념 변화 입증 • 전이 가능한 학습 모형으로 일반화 제시

[표 4.58] 디지털교육연구대회 고등학교 보고서 분석

2. 심사 기준표를 나만의 심사표로

심사 기준표는 보고서 작성의 출발점이자 최종 점검 기준이다. 그러나 공식 심사 기준은 길고 추상적이어서 재구성이 필요하다.

재구성한 '나만의 심사표'는 작성 체크리스트, 감점 방지 도구, 생성형 AI 점검 기준으로 활용된다.

01. 디지털 연구대회 교수학습 분과 심사 기준표(2025년 전국대회 기준)

구분	내용	점수
연구 목적 및 방법 (30)	• **연구 목적의 '독창성'** - 학교와 학급 특색을 고려하고 학생의 역량을 향상시킬 수 있는 연구인가? - 연구의 목적이 기존 입상작 및 선행 연구와 차별화되었는가?	20
	• **연구 방법의 '타당성'** - 해당 연구 목적에 적합한 교수·학습 설계 및 전략인가? - 해당 연구 목적에 적합한 연구 방법을 서정하였는가? ※ 2024학년도 수업 적용 사례 및 교수·학습 산출물 분석, 활용 가능	10
연구 내용 (15)	• **연구 활동의 '체계성'** - 해당 연구 목적과 방법에 따라 수업 적용과 연구를 진행하였는가? - 교수·학습과 실제 수업 적용 과정 및 분석 과정을 일관성 있게 구체적으로 제시하였는가? ※ AI 기반 코스웨어, 에듀테크 등을 통한 디지털 기반 학생 참여형 교실 수업 연구 내용이어야 하며, 연구를 위한 디지털 기기 활용 또는 에듀테크 활용을 위한 수업이 되지 않도록 유의 - 다양한 학습 지원 전략, 학생 참여 및 상호 작용 유도에 초점을 두고 연구 활동을 충실히 수행하였는가?	15
연구 결과 (15)	• **연구 내용의 '효과성'** - 수업 적용과 연구 내용으로부터 효과 측정 및 결과 도출을 하였는가? - 수업 결과 및 분석 결과를 구체적으로 제시하였는가?	15
일반화 가능성 및 시사성 (40)	• **교수·학습 과정과 결과의 '일반화 가능성'** - 다른 학교 및 교사에게 적용 가능하며 일반화가 가능한가? - 향후 지속적으로 추진하여 우수 사례로 발전 가능한가?	20
	• **학교 현장에 대한 '시사성'** - 연구 내용과 결과를 바탕으로 구체적인 시사점을 도출하였는가? - 연구의 결론 및 제언 등이 기존의 입상작 및 선행 연구와 차별화되는가?	20

[표 4.59] 디지털교육연구대회 심사 기준표

심사 기준	평가 영역		평가 내용	배점 예상	보고서 영역
연구 목적 및 방법 (30)	연구 목적의 '독창성'	1	학교 학급 특색 고려	6	연구의 시작
		2	학생 역량 향상	6	연구의 준비
		3	차별성	6	연구의 준비
	연구 방법의 '타당성'	4	교수학습 설계 및 전략	6	연구의 설계
		5	연구 방법	6	연구의 설계
연구 내용 (15)	연구 활동의 '체계성'	6	연구 실천의 일관성	3	연구의 실행
		7	적용 과정 및 분석 과정의 구체화	3	연구의 실행
		8	디지털 기반 학생 참여	3	연구의 실행
		9	다양한 학습 지원 전략	3	연구의 실행
		10	학생 참여 및 상호 작용 유도	3	연구의 실행
연구 결과 (15)	연구 내용의 '효과성'	11	측정 가능성	5	연구의 결론
		12	결과 도출	5	연구의 결론
		13	분석 명확성(분석 결과 구체적 제시)	5	연구의 결론
일반화 가능성 및 시사성 (40)	교수·학습 과정과 결과의 '일반화 가능성'	14	학교 현장 일반화 가능성	10	연구의 실행
		15	발전 가능성	10	연구의 실행
	학교 현장에 대한 '시사성'	16	실질적 시사점	10	연구의 결론
		17	결론의 차별화	10	연구의 결론

[표 4.60] 키워드 기반 나만의 심사표 및 보고서 구상하기

3. 보고서 작성의 실전(심사 기준으로 보는 점수 공략_2025년도 기준)

구분	규정 내용
총 분량	**총 35쪽 이내** 본문 20쪽 이내(표지, 목차, 참고 문헌 분량 제외) 요약서 5쪽 이내, 참고 자료 10쪽 이내
제본 순서	표지(무 코팅, 흑백, 서식 준수) - 요약서 - 목차 - 본문 - 참고 자료
여백	위쪽·아래쪽 : 10, 머리말, 꼬리말 : 10, 왼쪽·오른쪽 : 20
글씨체	**바탕체**(본문, 표, 그림 모두 바탕체만 가능)
본문 설정	글씨 크기, 자간 등은 자유
제목 설정	• 연구 보고서 제목: 바탕체 20포인트(변경 불가) • 대제목: 바탕체 15포인트(변경 불가) • 중제목·소제목: 바탕체 12~14포인트(자유 지정)
참고 문헌	바탕체 14pt, APA 스타일 준수
용지	A4용지 좌철, 양면 인쇄, 흑백 출력
주의 사항	다단 설정 금지

[표 4.61] 보고서 직싱 규징 내용

2025년 규정은 총 35쪽 이내이다. 이 중 요약서가 5쪽으로 요약에 본문의 많은 내용을 담을 수 있다. 참고 자료는 교수·학습 활동지, 평가지, 학습자(학생)의 학습 결과물 예시 등 실제 수업에 적용·실천하는 과정에서 산출된 자료와 수업 자료(수업안, 수업 일지, 기타 자료 등)를 포함한다.

제본 순서	구분	권장 페이지		내용	전략 포인트
1	표지	0		표지 양식 준수	분량 미포함
2	요약서	5		연구 요약(핵심만 압축)	심사위원이 가장 먼저 보는 곳
3	목차	0		목차	분량 미포함
4	본문	20	3	연구의 시작	데이터 기반 문제 제기
			2	연구의 준비	핵심 이론, SWOT 분석 간결하게
			2	연구의 설계	수업 네이밍과 구조 도식화
			10	연구의 실행	디지털 에듀테크 활용 차시별 활동, 학생 반응, 피드백 상세 기술
			3	연구의 결론	정량/정성 변화 데이터
5	참고 자료	10		학습 결과물	교수·학습 활동지, 평가지, 학습자(학생)의 학습 결과물
				수업 자료	수업 지도안, 수업 일지, 수업 자료

[표 4.62] 규정에 따른 보고서 권장 페이지 및 전략

01. [심사 기준 1] 연구 목적 및 방법(30점)

연구 목적 및 방법 (30)	연구 목적의 '독창성'	1	학교 학급 특색 고려
		2	학생 역량 향상
		3	차별성
	연구 방법의 '타당성'	4	교수학습 설계 및 전략
		5	연구 방법

[표 4.63] 연구 목적 및 방법 심사기준

1 학교 학급 특색 고려 2 학생 역량 향상

연구는 학교와 학급의 실제 교육 환경과 학습자 특성에 대한 객관적 진단에서 출발해야 하며, 단순한 지식 습득이 아닌 학생의 실질적인 미래 역량 향상을 연구의 목적으로 설정해야 한다.

구분	실전 전략	작성 예시
문제 정의 (실태 진단)	학습자 분석, 사전 진단, SWOT 분석 등 [수치 기반] 제시	[사전 학습 점검] 결과, 특정 단원의 오개념 발생률이 35%로 나타났으며, 농어촌 [지역 특성상] 개별 보충 학습 기회가 제한적인 것으로 확인되었다.
문제의 맥락화	지역 · 환경 · 학급 특성으로 왜 이 수업이 [필요]한지 설명	
연구 목적	[학생 역량 향상]과 [디지털 수업 모델 구축]을 함께 제시	본 연구는 AI · 에듀테크 기반 수업을 통해 학생의 지식 정보 처리 [역량]을 강화하고, 데이터 기반의 진단–처방–환류가 순환되는 [수업 구조를 정립]하는 것을 목적으로 한다.

[표 4.64] 학교 학급 특색 고려, 학생 역량 향상 내용 작성 예시

3 차별성

기존 선행 연구의 성과를 단순 나열하기보다, 공통적으로 드러난 한계점을 명확히 짚고 이를 디지털 기술로 어떻게 보완했는지를 대비하여 제시한다.

구분	실전 전략	작성 예시
선행 연구 분석	'잘된 점'이 아니라 [공통 한계점]을 먼저 제시	기존 에듀테크 연구들은 학습자의 흥미 유발에는 성과가 있었으나, 실시간 데이터 기반 피드백 환류에는 [한계]가 있었다. 본 연구는 OO 에듀테크의 학습 데이터를 활용한 진단–처방–환류 순환 [구조를 구축]하고자 하였다.
차별 지점	그 한계를 디지털 기술로 어떻게 [보완]했는지 명확히 대비	

[표 4.65] 차별성 내용 작성 예시

4 교수학습 설계 및 전략 5 연구 방법

설정한 연구 목적을 달성하기 위해 교수·학습 설계와 연구 방법이 논리적으로 연결되어 있으며, 학교 현장에 적합한 수준에서 적용 및 검증 가능하도록 설계되었는지를 중심으로 작성한다.

구분	실전 전략	작성 예시
연구 설계	연구 [목적에 부합]하는 비교·검증 구조 제시	본 연구는 OO학년 70명을 대상으로 디지털 기반 문해력 탐구 수업 적용 전·후의 변화를 분석하기 위해 단일 집단 사전–사후 [검사 설계를 적용]하였다.
자료 수집	[정량·정성 자료]를 포함한 입체적 수집	역량 검사지와 함께 학생 성찰 기록, 산출물, OO 퀴즈 에듀테크의 [정답률 데이터]를 수집하여 연구 효과를 다각도로 분석하였다.
검증 도구	[도구] 선정의 [전문적 근거] 제시	KEDI 학생 역량 조사 도구를 연구 목적에 맞게 수정하고, [전문가 감수]와 신뢰도 분석($\alpha=.872$)을 거쳐 최종적으로 확정하였다.
분석 방법	[디지털 특화] 분석 기법 활용	수집된 데이터는 Python(Pandas, SciPy)을 활용해 [대응 표본 t-검정]을 실시하고, 변화 양상을 바이올린 플롯으로 [시각화하여 분석]하였다.

[표 4.66] 교수학습 설계 및 전략, 연구 방법 내용 작성 예시

02. [심사 기준 2] 연구 내용(15점)

연구 내용 (15)	연구 활동의 '체계성'	6	연구 실천의 일관성
		7	적용 과정 및 분석 과정의 구체화
		8	디지털 기반 학생 참여
		9	다양한 학습 지원 전략
		10	학생 참여 및 상호 작용 유도

[표 4.67] 연구 내용 심사기준

6 연구 실천의 일관성

연구 목적, 수업 설계, 실제 실행이 분절되지 않고 하나의 흐름으로 연결되어 있음을 보여 줘야 한다. 계획 → 실행 → 조정의 과정이 실제 수업 장면 속에서 작동했는지를 구체적으로 제시한다.

구분	실전 전략	작성 예시
연구 과제의 정합성	[연구 목적]과 [수업 실행]의 [일치]성 제시	자기 주도성 향상이라는 [연구 목적]에 따라, 학생들이 스스로 탐구 질문을 생성하고 AI 챗봇을 활용해 [가설을 검증]하는 과정을 수업과 연구 내용에 [일관]되게 반영하였다.
단계별 실행의 구체성	교사 의도 – 학생 반응 – 수업 [재구성]의 흐름 제시	차시별 활동 [분석 결과] 퀴즈 정답률이 낮게 나타난 소그룹을 확인하고, 즉시 AI 힌트 기능을 활성화하여 개별 [맞춤형 피드백을 제공]하였다.

[표 4.68] 연구 실천의 일관성 내용 작성 예시

수업 적용과 분석 과정이 설명 없이도 이해될 만큼 구체적으로 제시되어야 하며, 분석은 결과가 아니라 학생 사고의 변화 과정을 드러내는 데 초점을 둔다.

구분	실전 전략	작성 예시
수업 적용	의도 – 반응 – 조정이 드러나는 **[기록]**	패들렛 제출 자료를 실시간 분석한 결과 특정 그룹의 오개념이 확인되어, 해당 그룹에 맞춤형 AI 힌트 카드를 즉시 제공하여 **[학습 결손을 방지]**하였다.
분석 과정	**[사고 변화]**가 드러나는 비교·분석	단순 사후 검사 외에도 학생의 **[초기]** 프롬프트와 AI 피드백 후 **[수정본을 대조]**하여 비판적 사고의 정교화 과정을 분석하였다.
일관성	도구 나열이 아닌 **[역할 중심]** 기술	의견 표현의 어려움을 해결하기 위해 패들렛을 협력 토의의 **[매개 도구로 설계]**하고, 실제 수업에서 **[동료 피드백]**이 이루어지도록 **[활용]**하였다.
결과 제시	학생 **[사고 과정]**의 가시화	학생 A의 '최초 질문 → 생성형 AI의 반론 → 수정된 논증문'을 나란히 제시하여 디지털 도구가 **[사고 확장]**의 디딤돌로 작동했음을 확인하였다.

[표 4.69] 적용 과정 및 분석 과정의 구체화 내용 작성 예시

　　단순한 에듀테크 활용 기술 자랑이 아닌, '디지털 기반 학생 참여'라는 수업 본질에 집중했는가를 보여 줘야 한다. 도구 활용 자체가 목적이 되어서는 안 된다.

　　디지털 기술이 학생의 참여 방식과 상호 작용 구조를 어떻게 변화시켰는지를 구체적으로 보여 주어야 한다.

구분	실전 전략	작성 예시
개별 맞춤 지원	**[비계 설정]**을 통한 포용적 수업 운영	다문화 학생에게는 구글 번역과 모국어 병기 과제를 제공하고, 느린 학습자에게는 AI 힌트 봇과 빈칸형 템플릿을 지원하여 **[낙오 없는 배움]**을 실현하였다.
참여 활성화	수동적 소비에서 **[주도적]** 창작으로 전환	생성형 AI를 '비평적 대화 상대'로 설정하여 학생들이 **[스스로 탐구]** 질문을 정교화하고, 디지털 동화책 작가로서 **[산출물을 제작]**하도록 운영하였다.
상호 작용 유도	협업 구조의 **[의도적]** 설계	캔바 협업 모드와 역할 카드(자료 조사·기록·디자인)를 통해 **[협업을 구조화]**하고, 학습 로그 분석을 바탕으로 상호 작용이 저조한 팀에 교사가 즉시 개입하였다.

[표 4.70] 디지털 기반 학생 참여, 다양한 학습 지원 전략, 학생 참여 및 상호 작용 유도 내용 작성 예시

03. [심사 기준 3] 연구 결과(15점)

연구 결과 (15)	연구 내용의 '효과성'	11	측정 가능성
		12	결과 도출
		13	분석 명확성(분석 결과 구체적 제시)

[표 4.71] 연구 결과 심사기준

11 측정 가능성 12 결과 도출

연구 결과는 주관적인 '느낌'이나 '인상'이 아니라, 사전에 설정한 도구와 지표를 통해 객관적으로 확인 가능한 변화로 제시되어야 한다. 또한, 도출된 결과는 연구 주제와 직접 연결되어야 한다.

구분	실전 전략	작성 예시
양적 검증	[통계적 유의성]과 [효과] 크기 제시	대응 표본 t - 검정 결과, 지식 정보 처리 역량 점수가 3.45에서 4.23으로 [향상]되었으며 Cohen's d=0.85로 나타나 매우 큰 [효과가 확인]되었다.
질적 검증	[사고 변화]의 구조적 제시	학생 A의 프롬프트 히스토리를 [분석]한 결과, 단순 지식 요구형 질문에서 '반론 제기형' 질문으로 사고 수준이 심화되었으며, 이는 비판적 [사고 역량 확장]의 증거로 해석된다.
결과 해석	전략과 효과의 [인과관계] 설명	본 연구에서 적용한 'AI 피드백 루프' 전략은 학생들에게 [즉각적인 교정]을 제공하여 전통적 수업 대비 사회 정서적 학습 [효능감이 향상]되는 결과를 보였다.

[표 4.72] 측정 가능성, 결과 도출 내용 작성 예시

13 분석 명확성(분석 결과 구체적 제시)

연구 결과는 문장 설명에 그치지 않고, 시각 자료와 실제 사례를 통해 한눈에 이해될 수 있도록 제시되어야 한다. 특히 디지털 수업의 특성을 살려 학습 데이터와 변화 추이를 분석 근거로 활용하는 것이 중요하다.

구분	실전 전략	작성 예시
학습 데이터 분석	학습 흔적의 [데이터화]	초기 오개념 발생 시 AI 힌트 활용 후 [정답률]이 40%에서 85%로 상승했으며, 자기 주도적 문제 해결 시간이 평균 15% 단축됨.

[표 4.73] 분석 명확성 내용 작성 예시

04. [심사 기준 4] 일반화 가능성 및 시사성(40점) ★★★

일반화 가능성 및 시사성 (40)	교수·학습 과정과 결과의 '일반화 가능성'	14	학교 현장 일반화 가능성
		15	발전 가능성
	학교 현장에 대한 '시사성'	16	실질적 시사점
		17	결론의 차별화

[표 4.74] 일반화 가능성 및 시사성 심사기준

14 학교 현장 일반화 가능성 15 발전 가능성

본 연구는 특정 교과·학급에 한정된 수업 사례가 아니라, 다양한 학교 환경에서도 재현 가능한 보편적 수업 구조를 제시하는 데 목적을 두어야 한다.

구분	1등급 작성 전략	작성 예시
전이 가능성	[범교과 적용]이 가능한 수업 구조 제시	본 연구의 '질문–탐구–제작–공유' 4단계 수업 모형은 실생활 문제 해결을 중심으로 구성되어, 교과를 불문하고 프로젝트 수업에 즉시 적용 가능한 [보편적 교수·학습 구조]이다.
자원 패키지	[즉시 활용] 가능한 자료 제공	수업에 최적화된 AI 프롬프트 10선과 Canva 템플릿을 아카이브 형태로 제공하여, 타 교사가 추가 준비 없이 [바로 수업을 운영]할 수 있도록 지원하였다.
환경 적응성	저비용·[대체] 가능한 구조 제시	웹 기반 무료 도구와 교육청 보급 기기를 100% 활용하여, 예산이나 학교 여건과 관계없이 [누구나 동일한 수업] 구조를 구현할 수 있도록 설계하였다.

[표 4.75] 학교 현장 일반화 가능성, 발전 가능성 내용 작성 예시

16 실질적 시사점

연구 결과는 단순한 성과 보고를 넘어, 학생·교사·학교 차원에서 각각 어떤 변화가 일어났으며, 그 변화가 어떤 방향으로 확장될 수 있는지를 함께 제시해야 한다.

구분	1등급 작성 전략	작성 예시
학습자 변화	[역량 향상]의 인과관계 제시	AI 피드백 루프를 통한 자기 교정 경험은 '학습된 무기력'을 겪던 학생들에게 '작은 성공의 경험'을 제공하며, 자기 주도 성과 학습 지속 의지를 [회복]하는 [계기]가 되었다.
교사 성찰	수업 [개선] 방향에 대한 전문적 [성찰]	본 연구를 통해 도구의 과다 사용이 오히려 사고의 깊이를 저해할 수 있음을 확인하였으며, 이후 '디지털 도구 간소화'와 '사고 촉진 중심 프롬프트 설계'로 [수업 구조를 재정립]하였다.
일반화 모델	재현 가능한 [수업 모형] 제시	본 연구의 ○○○○ 수업 모형은 학교와 지역 자원을 연계하는 구조로 설계되어, 도시·농어촌 등 다양한 교육 맥락에 맞게 [유연하게 재구성]할 수 있다.
제언 및 과제	제도적 [지원 방향] 제시	성공적인 디지털 전환을 위해 단순 도구 연수를 넘어, 학습 데이터 분석을 실질적으로 지원하는 컨설팅 및 멘토링 [체계]가 정책적으로 마련될 필요가 있다.

[표 4.76] 실질적 시사점 내용 작성 예시

17 결론의 차별화

결론은 연구 내용을 요약하는 데서 그치지 않고, 기존 연구와 실천이 갖고 있던 한계를 본 연구가 어떻게 극복했는지를 분명하게 드러내는 데 초점을 두어야 한다.

구분	1등급 작성 전략	작성 예시
결론 차별화	선행 연구의 한계 [극복 제시]	기존 선행 연구(○○, 2023)가 지적한 과정 평가의 한계를 본 연구에서는 '디지털 로그 대시보드'를 통해 [극복]하였으며, 이를 통해 학생 사고 변화의 과정을 [구조적으로 분석]할 수 있었다.

[표 4.77] 결론의 차별화 내용 작성 예시

4. 최종 제출 전 확인 - 감점 0점 전략

01. 감점 및 심사 제외 사항 총괄

가. 사전 심사 감점 사항(각 항목당 1점, 최대 - 4점)

보고서 제출 시 규정을 준수하지 않을 경우 사전 심사에서 감점이 발생하며, 이는 서류 심사 결과에 직접 반영된다.

구분	감점 사유
분량 초과	총 35쪽 초과 (요약서 5, 본문·부록 20쪽, 참고 자료 10쪽)
블라인드 처리 미흡	시·도명, 학교명, 직위, 출품자 성명 등 개인정보 노출
인쇄 방식 오류	보고서를 흑백이 아닌 컬러로 인쇄하여 제출
지정 글꼴 미준수	바탕체 외 다른 글꼴 사용 (표·그림 내부 포함)

[표 4.78] 사전 심사 감점 사유

나. 등외 처리 사항(심사 대상에서 제외)

다음 사항은 단순 감점이 아닌 심사 대상에서 즉시 제외되는 중대 사유에 해당한다. 등외 처리될 경우, 연구의 질과 무관하게 입상 자체가 불가능하다.

구분	등외 처리 사유
서류 미비	필수 제출 서류 누락
연구 주제 부적합	디지털 교과서·코스웨어·에듀테크를 사용했으나 교수·학습 개선과의 직접적 관련성이 부족한 경우
기초 자료 미제출	설문 응답지, 원자료 등 연구 근거 자료 요청에 응하지 않거나 제출하지 않은 경우
내용 불일치	출품 원서 기재 내용과 실제 출품작 내용이 상이한 경우
연구 학교 실적 누락	최근 2년(2024~2025) 내 디지털 교육 연구 학교 재직자가 결과 보고서 또는 계획서를 제출하지 않은 경우
QR코드 활용 위반	QR코드 연결 자료(영상·드라이브 등)에 출품자 개인 신상 노출 시 → 즉시 등외

[표 4.79] 등외 처리 사유

다. 입상 취소 및 3년간 출품 자격 제한(중대 위반)

연구 윤리 위반이 확인될 경우 해당 연구는 즉시 입상이 취소되며, 향후 3년간 연구 대회 출품 자격이 제한된다.

구분	입상 취소 사유
표절 및 모작	연구 학교 결과물, 타 대회 및 본 대회 입상작을 표절하거나 본인의 이전 연구물을 출처 없이 그대로 적용한 경우 **카피킬러 검증 결과 표절률이 20% 이상인 경우**
저작권 침해	• 원저작자의 동의 없이 사진, 이미지, 소리, 동영상, 폰트 등을 사용한 경우 • 인용 범위가 광범위하여 독창성이 결여된 경우 • 생성형 AI 활용 시 해당 서비스의 약관(연령 제한 등)을 준수하지 않은 경우
중복 출품	동일한 연구 결과를 복수의 연구대회나 서로 다른 분과에 이중으로 제출한 경우
대리 연구	용역 업체나 타인에게 의뢰하여 출품작을 제작한 경우

[표 4.80] 입상 취소 사유

02. 바탕체 규정 준수

가. 왜 '바탕체'가 중요한가

바탕체는 가독성, 공식성, 학술적 신뢰도를 동시에 충족하는 서체다. 평가위원은 수백 편의 보고서를 검토하므로, 눈의 피로를 최소화하는 안정적인 서체를 선호한다.

나. 바탕체로 디자인하기

"바탕체를 지키되, 구조로 승부한다."

폰트를 바꾸지 않아도 레이아웃·문단·도식·흐름을 설계하면 보고서는 충분히 세련 되고 설득력 있게 완성된다. 이 차이가 바로 '규정을 지킨 보고서'와 '완성도가 높은 보고서'의 차이다.

다. 그림과 도식에도 바탕체 사용하기

바탕체는 한글 기본 글꼴이라 미리캔버스나 캔바에는 없다. 따라서 아래의 방법을
활용하여 그림과 도식에 바탕체로 글씨를 작성해야 감점을 당하지 않는다.

1 PPT에서 작업하기

□ PPT에서 작업하기
- 캔바/미리캔버스 디자인 → PPTX로 다운로드
- 파워포인트에서 이미지 위에 텍스트 박스 삽입 - 규정에 맞는 글씨체로 변경
- 완성된 이미지 다운로드해서 사용

2 한글 글상자 활용하기

□ 한글 글상자를 활용하는 방법
- 캔바/미리캔버스에서 만든 이미지를 저장 - 한글 → 입력
- 한글 글상자 - 글상자 선 지우기
- 채우기 '그림' → 저장한 이미지 삽입 - 글상자 위에 다시 텍스트 입력

3 캔바에 글씨체 추가하기

- [브랜드 센터] - [글꼴] - [카테고리에 추가] - [글꼴 업로드]
- 보고서 규정에 맞는 글꼴파일을 추가하여 이미지 작업에 활용

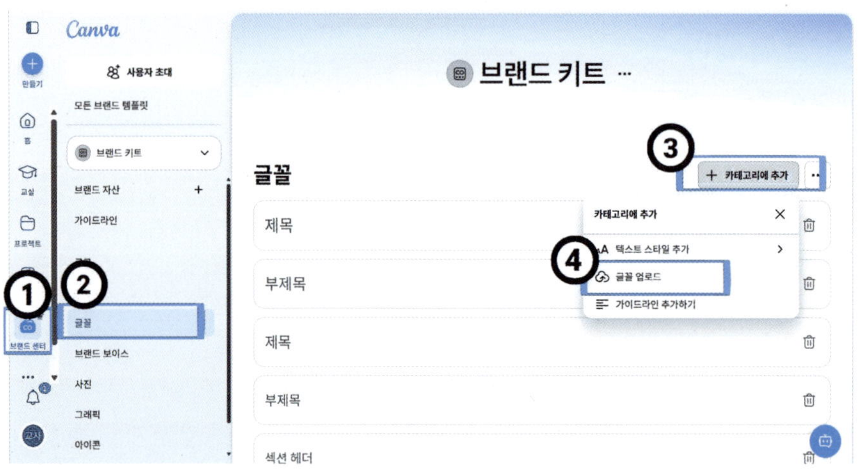

[표 4.81] 그림과 도식에 바탕체 쉽게 사용하기

03. 교사들이 흔히 놓치는 부분

가. QR코드 활용의 치명적 실수

디지털교육연구대회에서 QR코드는 활용 자체보다 '관리 방식'이 평가 대상이 된다. 특히 QR코드와 연결된 외부 자료는 심사 범위에 포함되지 않으며, 관리 미흡 시 즉시 등외 처리로 이어질 수 있다.

흔한 오해 1 - QR코드로 연결했으니 보고서 분량을 줄여도 된다?

- 보고서에 삽입된 QR 코드를 통해 연결되는 외부 자료(교수·학습 자료, 동영상, 추가 설명 페이지 등)는 심사 대상이 아니다.
- 심사위원은 보고서 본문과 본문에 포함된 이미지 자료만을 기준으로 평가한다.
- 연구의 핵심 근거, 학생 변화 증거, 과정 중심 평가 자료는 반드시 정해진 분량 내에서 본문에 직접 서술·삽입해야 한다.

흔한 오해 2 - 블라인드 처리만 하면 QR코드는 안전하다

- 가장 빈번한 즉시 감점 사유가 바로 QR코드 관련 개인정보 노출이다.
- QR코드로 연결된 웹페이지, 클라우드, 영상에 출품자의 성명·학교명·지역명·계정 정보가 포함된 경우 → 블라인드 규정 위반으로 감점 처리
- 유튜브 영상의 경우 채널명, 댓글 작성자 정보, 영상 속 이름표, 칠판, 교복 등 간접 식별 정보까지 심사 대상이 된다.

TIP. QR코드 활용 가이드

QR코드는 심사위원의 이해를 돕는 보조 장치로 제한적으로 활용해야 하며, QR코드를 삽입할 경우 반드시 다음을 사전 점검한다.

- 보고서 제출 이후에도 정상 접속 가능 여부
- 계정명, 채널명, 파일 소유자 정보가 완전히 익명 처리되었는지
- 링크된 모든 페이지에서 출품자 개인 신상 노출 요소 제거 여부

나. 생성형 AI 사용 약관 미준수

　최근 보고서에서 ChatGPT, Gemini 등 생성형 AI 활용 사례가 증가하고 있으나, 연령 제한 및 이용 약관 미준수는 연구 윤리 및 절차 위반으로 간주될 수 있다.

흔한 실수 - 수업에서 AI를 썼다는 사실만 쓰면 된다

- 다수의 생성형 AI 서비스는 만 13세 이상 사용을 원칙으로 한다.
- 해당 기준을 충족하지 못하는 학년에서 직접 사용한 경우
  → 사전 동의 및 관리 체계가 명확히 제시되지 않으면 문제 소지 발생

 **서술 전략**

생성형 AI 활용 시 다음 중 하나의 방식이 보고서에 명확히 드러나야 한다.

- 보호자 동의 및 교사 감독하에 활용했음을 명시
- 학생이 작성한 프롬프트를 교사가 대리 입력·생성한 구조로 운영
- 생성형 AI를 '직접 사용'이 아닌 아이디어 보조·피드백 도구로 활용했음을 설명

핵심은 "학생을 AI에 노출시켰는가"가 아니라 "윤리적·절차적으로 관리했는가"이다.

QR코드를 찍으면 사용자 동의서와
QR 보호자 동의서 예시 파일로 연결됩니다.

04. 연구대회 제출 전 체크 리스트

구분	체크 리스트 (2025년 기준입니다)	
표절	• 카피킬러 표절률이 20% 이하인가?	☐
	• 표절 의심 부분이 연구 목적, 연구 결과(설문 결과 수치 일치) 등 주요 부분에 몰려 있지 않은가?	☐
	• 이 연구를 연구 학교 보고서, 논문, 공모전 등에 제출한 자기 표절은 아닌가?	☐
형식	• 총 35쪽 이내인가? (요약서 5쪽 ☐, 본문 및 부록 20쪽 이내 ☐, 참고 자료 10쪽 이내 ☐)	☐
	• 여백 규격 상/하/머리말/꼬리말 10, 좌/우 20을 맞췄는가?	☐
	• 글꼴 규격을 맞췄는가? (대제목 바탕체 15포인트 ☐, 중제목/소제목 바탕체 12 - 14포인트 ☐, 본문 내 표와 그림 안의 폰트 모두 바탕체 ☐)	☐
보고서	• 연구 보고서 내용에 Chat GPT 등 생성형 AI 활용 수업 사례가 포함될 경우 해당 서비스 약관 의무(연령 제한 등) 준수하였는가?	☐
	• 보고서 내 사진, 공문, 서술에도 개인정보가 포함되지 않는가? (가정통신문, 공문 지역 교육청명, 대학교 이름, 학교 이름, 연수 이수증 주의)	☐
	• 보고서 내 QR코드 및 링크에 개인정보가 노출되어 있지 않은가? (가정통신문 학교 이름, 학생 사진 속 뒤 학교 이름, 교탁이나 칠판 위에 붙어 있는 학교 이름, 수업 자료의 교사와 학교 이름, 학생 결과물의 학교 이름 개인정보)	☐
	• 목차는 페이지와 일치하며 ☐, 페이지 번호가 순서대로 잘 매겨져 있는가? ☐	☐
	• 저작권 문제가 없는 것을 사용했는가?(이미지, 배경, 글꼴 등)	☐
	• 참고 문헌 작성을 하였는가?	☐
출력	• 표지 - 요약서 - 목차 - 본문 - 참고 자료 순서로 ☐, A4용지 좌철 흑백 양면 인쇄하였는가? ☐	☐
	• 보고서 표지는 반드시 정해진 서식으로 무 코팅지에 출력하였는가? (제본 시에도 제본 표지 선택은 광택이 없는 '스노우지'로 선택해야 하며, 보고서 위에 단면 표지 한 장 추가하면 됩니다.)	☐
제출 파일	• 출품자 양식 포함 파일 2종 (HWP, PDF)과 ☐, 심사를 위한 블라인드 파일 2종(HWP, PDF)을 준비했는가? ☐	☐
	• (연구 학교 재직의 경우) 최근 2년간 연구 보고서와 계획서 파일을 준비했는가?	☐
	• 개인정보 수집·이용 동의서 정리본을 준비했는가?	☐
	• USB 정리 목록 - 보고서 : 시·도명, 학교명, 직위, 출품자명 기재몬 파일 2개(pdf, hwp) ☐, 심사를 위한 블라인드 처리 파일 2개(pdf, hwp) ☐	☐
	• USB 부착 속지 레이블에 맞춰 USB에 부착했는가? ☐ • 규격 편지봉투에 USB를 넣고 겉면에 봉투 레이블 양식을 부착하였는가? ☐	☐

[표 4.81] 제출 전 체크리스트

Chapter 4

인성교육실천사례 연구발표대회

"학생의 마음을 변화시키고 싶다면,
지금 도전하세요!"

인성교육실천사례연구발표대회는 우수 인성교육 사례를 발굴하여 교원의 지도 역량을 강화하고 학교 전반에 인성교육을 확산하기 위한 대회이다.

이 연구대회는 디지털 대전환 시대에 기술이 결코 대체할 수 없는 교사의 하이터치(High-touch)와 사회정서 역량(SEL)에 주목합니다. AI·SW 연계한 교육속에서 학생들의 마음을 어떻게 움직였는가, 실제 학생들의 삶과 관계를 어떻게 변화시켰는가를 중요한 가치로 평가합니다.

구분	내용
대회의 본질	• 기술이 대체할 수 없는 '하이터치(High-touch)' 역량 → 학생의 공감, 소통, 책임, 존중 등 실천적 인성 역량 함양
참가 대상	• 유·초·중등학교 및 특수학교 교원(교사 및 교감) • 개인 연구만 가능(공동 연구 불가)
연구 형태	• 1인 단독 연구만 인정 → 교사 한 명이 학생들과 맺는 깊은 정서적 유대 평가
연구 주제	• 학교 폭력·사이버 중독 예방 • 예술·체육·환경 연계 인성교육 • 사회 정서적 역량(SEL) 함양 • AI·미디어 교육 연계 디지털 윤리
평가 핵심	• 실천의 지속성(학기 초~출품 전까지 꾸준한 실천) • 인성 변화의 구체성(학생의 태도·가치관 변화) • 현장 실사(보고서 내용의 사실 여부 직접 확인)
심사 자료	연구 보고서(20쪽 이내) + 현장 실사(학교 방문·면접)
입상 혜택	• 교육부 장관상 • 연구 실적 평정점(1등급 1.5점, 2등급 1.25점, 3등급 1점) • 우수 사례 에듀넷 탑재(교육 자료 활용)

[표 4.82] 인성교육실천사례연구발표대회 개요

1. 인성교육실천사례연구발표대회의 차별점

01. 학생의 마음 변화 = 생명

인성교육대회의 모든 평가는 다음 질문으로 수렴된다. "학생의 인성이 구체적으로 어떻게 변화했는가?" 이 대회는 '무엇을 했다'가 아니라 '학생에게 어떤 변화가 일어났는지'를 증명해야 한다.

항목	작성 기준
변화의 구체성	특정 학생의 변화 과정을 시기별로 서술
인성 덕목 명시	배려, 공감, 책임, 존중, 소통, 협력 등 명확히 제시
Before / After	사전−사후 설문, 관찰 기록, 성찰 일지 활용
학생 목소리	학생 인터뷰·성찰 일지 직접 인용 (최소 5명 이상)

[표 4.83] 인성교육실천사례연구발표대회 학생의 마음 변화 작성내용

작성 예시

- **잘못된 예**: 프로젝트를 통해 학생들의 협력 능력이 향상되었다.
- **올바른 예**: 3월 초, 모둠 활동 중 혼자만 작업하던 민수(가명)는 '어차피 내가 다 해야 해요'라고 말하며 친구들을 신뢰하지 못했다. 하지만 6개월간 '경청과 배려' 루틴을 실천한 결과, 9월 성찰 일지에 친구들 말을 들어보니 '나보다 더 좋은 아이디어가 많았다. 혼자보다 같이 하는게 더 좋다'고 적었다. 사후 설문에서 '협력 자신감'이 2.1점에서 4.5점으로 상승했으며, 현재는 모둠에서 의견을 조율하는 역할을 자발적으로 맡고 있다.

02. 지속성 증명 = 필수 조건

인성교육대회에서 가장 강하게 작동하는 기준은 "이 활동이 얼마나 오래, 꾸준히 실천되었는가"이다. 일회성 캠페인, 특정 기간 이벤트, 단발성 프로그램은 아무리 결과가 좋아도 높은 평가를 받기 어렵다.

항목	작성 기준
실천 기간	학기 초부터 종료 시점까지 명확한 기간 제시
실천 횟수	주기·빈도 수치화
누적 기록	월별 활동 일지, 사진, 성찰 자료
루틴화 증거	학생 자발적 실천, 학급 문화로의 정착

[표 4.84] 인성교육실천사례연구발표대회 지속성 증명 작성내용

지속성 증명 작성 예시

실천 기간: 2024년 3월 4일 ~ 11월 30일(총 9개월)

실천 내용
- 매주 월요일 아침 경청 활동(총 32회)
- 매일 성찰 일지 작성
- 또래 조정 프로그램 운영 8회
- 학생 주도 캠페인 12회

[타임라인을 활용한 시각화]

3월	4월	5월	6월	7-8월	9월	10월	11월
경청 약속 제정	감사 나눔 시작	또래 멘토링 운영	갈등 해결 워크샵	반성 일지 쓰기	캠페인 기획 실행	지역 봉사 활동	정착 평가 성찰

03. 현장 실사 대비 = 실제 증거 확보

보고서 심사 이후 현장 실사를 통해 연구의 진정성을 검증한다. 따라서 보고서에 작성된 모든 내용은 현장에서 즉시 확인 가능한 증거로 뒷받침되어야 한다. 현장 실사에서 확인하는 것은 아래 표와 같다.

확인 항목	사전 준비 증거
학급 분위기	게시판, 학급 규칙, 학생 작품
학생 변화	학생 인터뷰 (누가 질문해도 일관된 진술 가능)
활동 기록	월별 일지, 사진, 성찰 노트
지속성	학급 일지, 관찰 기록, 학부모 피드백

[표 4.85] 인성교육실천사례연구발표대회 현장 실사 대비 작성내용

04. 하이터치 역량 = 핵심 가치

인성교육실천사례연구발표대회에서의 '하이터치'는 단순한 친절이나 정서적 배려를 의미하지 않는다. 이는 교사가 학생의 마음 상태를 읽고, 지속적 관계 속에서 변화를 설계하고 지원하는 전문성을 뜻한다.

실천 영역	구체적 작성 방법
지속적 교감	• "매일 아침 5분씩 1:1 대화" • "성찰 일지에 손 편지 피드백" • "학기 초부터 9개월간 지속"
개별 맞춤 코칭	• "AI 진단 결과를 바탕으로 ○○ 학생에게 맞춤형 격려" • "학생별 강점을 찾아 역할 부여"
정서적 지원	• "기분 안 좋은 학생 알아채고 방과 후 대화" • "갈등 상황에서 중재자 역할"
학습 디자이너	• "학생의 마음을 읽고 수업 설계" • "학생 - 학생, 교사 - 학생 상호 작용 활발"

[표 4.86] 인성교육실천사례연구발표대회 핵심 가치 작성내용

하이터치, 하이테크 연결

- 하이테크 활용
  - AI 디지털교과서를 활용해 학생별 학습 수준 진단
  - 상위 30%, 중위 50%, 하위 20% 파악
- 하이터치 실천
  - 진단 결과를 바탕으로 하위권 학생 5명과 점심시간 10분씩 개별 면담을 3개월간 지속
  - 강점 중심 피드백 제공 및 역할 부여

그 결과 5명 중 4명이 중위권으로 상승하였으며, 성찰 일지에 "선생님이 믿어줘서 포기하지 않았다"라는 진술이 반복적으로 나타났다.

05. 학교급별 연구의 차이점

가. [초등학교] 분석 키워드: 감정 이해와 관계의 기초

초등학교 1등급 보고서들은 자신과 타인의 감정을 인식하고, 관계 형성의 기초를 다지는 데 초점을 두는 경향을 보였다. 인성교육의 출발점을 '행동 교정'이 아닌 감정 이해와 자기 인식에 두고, 이를 바탕으로 타인 존중과 공감의 기초 역량을 형성하는 구조가 두드러졌다.

강조점	• 감정 인식, 자기 이해, 공감의 기초 형성 → 자아 정체성 확립 및 타인 존중 역량 발달
탐구 주제	• 교실 생활 속 일상 경험에서 이야기를 발견하는 주제
활동 특징	• 놀이와 창작을 중심으로 감정을 표현·탐색하는 활동책·예술 놀이·체험 중심 수업 구조
확산 전략	• 타 학급·타 학년으로 확장 가능한 구조 제시 학급–학년–학교 단위 확산 모델 제안

[표 4.87] 인성교육실천사례연구발표대회 초등학교 보고서 분석

나. [중등학교] 분석 키워드: 관계 회복과 책임 중심

중등학교 1등급 보고서들은 사춘기 학생들의 또래 갈등, 관계 단절, 책임 회피 문제를 주요 과제로 설정하고, 이를 해결하기 위한 관계 회복과 공동체적 책임 강화에 집중하는 경향을 보였다. 초등과 달리, 감정 인식 자체보다는 갈등 상황에서의 선택과 행동 변화가 주요 평가 지점으로 작용하였다.

강조점	• 공감·소통 능력을 실제 행동으로 연결 • 갈등 대처 능력 및 학급 문화 개선
탐구 주제	• 학급 갈등, 또래 관계, 책임과 역할 등 관계 중심 주제
활동 특징	• 갈등 상황에서 출발하는 탐구·창작 활동 • 토론·표현·프로젝트형 수업 구조
증거 제시	• 학생 발화 사례, 학급 분위기 변화 기록 • 갈등 해결 방식 및 대화 모델 변화 비교

[표 4.88] 인성교육실천사례연구발표대회 중학교 보고서 분석

2. 심사 기준표를 나만의 심사표로

　심사 기준표는 보고서 작성 시 가장 중요한 기준이다. 하지만 공식 심사 기준은 문장이 길고 한눈에 들어오지 않기 때문에 이것을 단어 수준으로 단순화하고, 내 보고서 어디에 반영할지 정해 두면 보고서 작성 시의 체크 리스트가 되고, 검토할 때도 생성형 AI를 활용할 때도 유용하다.

01. 인성교육실천사례연구발표대회 심사 기준표(2025년 전국대회기준)

심사 영역	심사 내용	배점
실제적 기여도 (현장 교육 활용 등)	- 연구 결과의 활용 가능성(혹은 일반화 가능성)이 높은가? - 연구 결과가 학교에서의 인성교육 활성화에 기여하는가?	15
연구 주제의 적절성	- 연구 주제가 인성교육의 목표나 취지에 부합하는가? - 연구 주제가 교육적인 가치를 충분히 담고 있는가?	15
연구 내용의 참신성	- 연구 내용이 기존의 실천 사례와 분명한 차별성을 갖는가? - 연구 내용이 학교 현장의 실제성과 특수성을 반영하여 독창적인 내용을 충분히 다루고 있는가?	15
연구 방법의 적절성	- 연구 내용에 맞는 연구 방법을 적절히 사용하였는가? - 자료 수집, 분석 방법, 결과 해석 등이 적절하게 이루어졌는가?	15
연구 결과의 명료성	- 연구 결과를 체계적으로 제시하여 가독성이 높은가? - 연구 결과의 주요 논지가 일관성이 있고 명료한가?	15
연구 주제와 활동의 연계성	- 연구 주제와 활동이 일관성 있게 이루어지고 있는가?	10
실천 역량	- 연구 주제 해결을 위해 학교 현장 활동을 충실하게 실천하고 있는가? - 다양한 교수학습 자료를 활용하거나 참여자와 상호 작용하여 실천 효과를 제고하고 있는가?	15
연구 윤리 준수	- 연구물이 표절, 자기 표절, 저작권 위배, 대작 등 연구 윤리 문제에 해당하는가?	해당 시 심사 제외

[표 4.89] 인성교육실천사례연구발표대회 심사 기준표

02. 키워드 기반 나만의 심사표 및 보고서 구상하기(2025년 전국대회 기준)

심사 영역		평가 내용	배점 예상	보고서 영역
실제적 기여도 (현장 교육 활용 등)	1	일반화 활용 가능성	7.5	연구의 실행
	2	현장 활성화	7.5	연구의 실행
연구 주제의 적절성	3	인성교육 근본 목표 취지 부합	7.5	연구의 시작
	4	교육적 가치 함축	7.5	연구의 시작
연구 내용의 참신성	5	기존과의 차별성	5	연구의 준비
	6	실제성 및 특수성	5	연구의 실행
	7	독창성	5	연구의 실행
연구 방법의 적절성	8	연구 방법 적절성	7.5	연구의 설계
	9	분석 논리성	7.5	연구의 설계
연구 결과의 명료성	10	체계적 구성	7.5	보고서 전체
	11	논지 명확	7.5	보고서 전체
연구 주제와 활동의 연계성	12	연구 주제와 활동 연결성	10	연구의 실행
실천 역량	13	현장 실천성	7.5	연구의 실행
	14	다양한 교수학습 자료 활용, 학습자 상호 작용	7.5	연구의 실행

[표 4.90] 키워드 기반 나만의 심사표 및 보고서 구상하기

3. 보고서 작성의 실전(심사 기준으로 보는 점수 공략_2025년도 기준)

구분	규정 내용
총 분량	**총 20쪽 이내**(목차, 분량 제외)
	요약서 2쪽 이내(분량 미포함) / 부록 5쪽 이내(분량 포함)
제본 순서	좌철, 표지(무 코팅) - 연구 요약서 - 본문(목차 - 본문 - 부록)
여백	위쪽·아래쪽: 15, 왼쪽·오른쪽: 20, 머리말·꼬리말: 10
글씨체	**코펍체(KoPub서체)** 권장(저작권 문제없는 폰트)
본문 설정	글자 크기 11pt, 줄 간격 160%
표 설정	글자 크기 9pt 이상, 줄 간격 130% 이상
주의 사항	• 반드시 흑백 양면 인쇄(컬러 인쇄 시 심사 제외) • 전자 파일은 컬러 작성 가능하나 보고서는 흑백 인쇄 • 파일 용량 **5MB** 초과 시 감점 • 표지에 대회명, 제목, 출품 번호만 표기(사진 등 기재 금지) • 스프링 제본 금지, 띠 제본 및 유색 A4 용지 사용 금지 • **QR코드 접속 자료는 심사 미반영** • QR코드로 인한 개인 신상 정보 노출 시 심사 제외

[표 4.91] 보고서 작성 규정 내용

앞의 두 대회와는 다르게 부록이 보고서 총 분량에 포함되기 때문에, 별도 분량을 크게 잡기 어렵다. 따라서 부록은 참고 문헌이나 연구에 사용된 교육부 개발 인증 프로그램 정도를 작성하는 것으로 최소화하고, 참고 문헌·활용 자료 정도만 간단히 정리하는 수준으로 운영하는 것이 효율적이다. 제본과 권장 페이지는 다음과 같다.

제본 순서	구분	권장 페이지		내용	전략 포인트
1	표지	1		표지 양식 준수	미준수 시 감점
2	요약서	2		연구 요약 (핵심만 압축)	분량 미포함
3	목차	1		목차	분량 미포함
4	본문	13	1	연구의 시작	데이터 기반 문제 제기
			2	연구의 준비	핵심 이론, SWOT 분석 간결하게
			2	연구의 설계	수업 네이밍과 구조 도식화
			12	연구의 실행	차시별 활동, 학생 반응, 피드백 상세
			2	연구의 결론	정량/정성 변화 데이터
5	부록	1/2		참고 문헌	참고 문헌, 연구에 활용된 교육부 개발 인증 프로그램

[표 4.92] 규정에 따른 보고서 권장 페이지 및 전략

01. [심사 기준 1] 실제적 기여도(15점)

1 활용 가능성   2 현장 활성화

연구 결과가 개별 학급 실천에 그치지 않고, 다른 학교·교사에게 즉시 적용 가능한 수준으로 일반화되었는지, 그리고 해당 연구가 학교 현장의 인성교육을 실질적으로 활성화하는 데 기여했는지를 평가한다.

구분	실전 전략	작성 예시
모델형 사례 제시	실천 과정을 [표준화된 단계]로 정의	본 연구의 'OOOO 인성 실천 모형'은 인성 덕목의 내면화를 목표로 한 [범교과적 표준] 모델로, 다양한 학교급과 교과에 적용 가능하다.
자료의 확산	자료를 [패키지화]하여 공유	캔바 기반 인성 템플릿과 과정 중심 루브릭을 ['자료 꾸러미' 형태]로 제작하여 수업 [나눔 플랫폼]에 공유하였다.
교육 과정 안착	연중 [상시 운영] 구조 제시	국어(소통), 도덕(존중) 등 교과 성취 기준과 인성 덕목을 1:1로 매핑하여 별도 시수 확보 없이 [연중 상시 운영]이 가능하도록 설계하였다.
학교 문화 확장	학년·학교 단위 [확산] 가능성	학년별 발달 단계에 따라 감정 인식 → 관계 조정 → 사회적 실천으로 [확장 적용]할 수 있는 유연성을 지닌 구조이다.

[표 4.93] 실제적 기여도 작성 예시

02. [심사 기준 2] 연구 주제의 적절성(15점)

3 인성교육 근본 목표 취지 부합 4 교육적 가치 함축

연구 주제가 인성교육의 근본 취지에 부합하는지, 단순한 활동 나열이 아니라 학생 성장을 위한 교육적 가치를 충분히 함축하고 있는지를 평가한다.

구분	실전 전략	작성 예시
국가 교육 과정 연계	2022 개정 [교육과정] 핵심 역량 반영	2022 개정 [교육과정]의 [핵심 역량]인 '자기 이해 및 자기 관리 역량'을 바탕으로 '나-너-우리'로 확장되는 인성교육 모델을 설계하였다.
현장 문제 해결	교실의 [실제] 결핍에서 출발	코로나19 이후 심화한 디지털 고립과 개인주의 [문제를 해결]하기 위해 사회 정서 학습(SEL)을 인성 교육의 핵심 가치로 도입하였다.
미래 핵심 역량 함양	마음의 힘·회복 [탄력성] 강조	에듀테크와 인문학을 결합하여 디지털 네이티브 학생들에게 필요한 '단단한 내면의 힘'과 [회복 탄력성]을 기르는 주제를 선정하였다.
공동체 가치 확장	교실을 넘어 사회로 [확장]	교실 내 갈등 해결을 넘어 기후 위기, 다문화 존중 등 지구촌 문제에 공감하고 실천하는 '세계 시민 인성'으로 [주제를 확장]하였다.

[표 4.94] 연구 주제 적절성 작성 예시

03. [심사 기준 3] 연구 내용의 참신성(15점)

기존 실천 사례나 수상작과 비교했을 때 연구 내용이 분명한 차별성을 지니는지, 학교 현장의 실제성과 연구자만의 독창적 관점이 드러나는지를 평가한다. 주제 선정 및 내용 작성에 있어 연구자만의 창의적이고 독창적인 시각이 드러나도록 포인트를 잡아 서술해야 한다.

구분	실전 전략	작성 예시
선행 연구 분석	[기존 연구]의 한계 명확화	기존 인성교육이 일회성 체험에 그쳤다면, 본 연구는 'OOO 성찰 루틴'을 통해 내면의 변화를 지속적으로 환류하는 [구조를 구축]하였다.
도구 활용 차별화	에듀테크 역할 [재정의]	패들렛을 단순 소통 도구가 아닌 '익명 감정 발화 공간'으로 설계하여, 내성적인 학생들도 안전하게 자신의 감정을 표현하고 [공감을 연습]하도록 하였다.
현장 특수성 반영	[지역·생활] 맥락 결합	동네 슈퍼마켓 장보기 활동을 통해 '신중함'을 배우고, 북 크리에이터로 나만의 '인성 요리책'을 제작·공유하는 활동으로 [확장]하였다.

[표 4.95] 연구 내용 참신성 작성 예시

8 연구 방법 적절성   9 분석 논리성

설정한 인성교육 목표와 연구 내용에 최적화된 연구 방법을 선정하여 사용하였고, 자료 수집 과정이 과학적이며 분석 방법 및 결과 해석이 논리적으로 타당하게 이루어졌는지를 평가한다.

구분	실전 전략	작성 예시
핵심 학생 심층 분석	['중점 지도 학생'] 사례 연구	학기 초 선택적 함구증이나 갈등 유발 행동을 보였던 핵심 학생 4명을 선정하여, 학기 전·중·후 행동 변화의 궤적을 [심층 분석]하였다.
연구 설계의 타당성	단일 집단 사전–사후 검사 [설계]	단일 집단 [사전–사후 검사 설계]를 적용하여, 3월과 9월에 동일한 도구로 인성 역량 변화를 비교 분석하였다.
검증 도구의 정합성	[공인 검사 도구] 활용	[한국교육개발원(KEDI) 인성 검사 문항]을 본 연구의 핵심 덕목인 '존중·협력·정직' 중심으로 재구성하여 타당성을 확보하였다.
자료 수집의 다각화	[양적·질적] 자료 병행	설문지 기반 [수치 자료]와 함께 학생 발화가 담긴 '마음 일기' 및 [개별 관찰 기록]을 수집하여 변화 과정을 입체적으로 분석하였다.
환류 및 보완	실행 중 문제 [수정]	중간 점검 결과 활동이 정형화되는 문제를 발견하여 예시 자료를 삭제하고 자율 선택권을 확대함으로써 [창의적 산출물을 도출]하였다.
증거 제시	수정 전·후 변화 [비교]	피드백 반영 전 거친 언어 습관이 반영 후 공감적 대화(나-대화법)로 [변화]된 학습 로그와 사진 자료를 증거로 제시하였다.

[표 4.96] 연구 방법 적절성 작성 예시

05. [심사 기준 5] 연구 결과의 명료성(15점)

보고서 전체의 흐름이 체계적이며 심사위원이 파악하기 좋게 가독성이 높은지에 대한 여부와 연구의 핵심 논지가 처음부터 끝까지 일관되고 명확하게 제시되었는지를 평가한다.

구분	실전 전략	작성 예시
정량적 검증	사전·사후 **[변화 시각화]**	KEDI 인성 검사 결과, 협력 지수가 3.07에서 3.78로 0.71점 상승하였음을 **[그래프]**로 시각화하였다.
정성적 검증	**[학생 발화]** 직접 인용	이전에는 "알빠노(내 알바 아님)"라고 말하던 학생이, 이후에는 "내가 도와줄까?"라고 먼저 제안하는 **[언어 변화가 관찰]**되었다.
심층 사례 분석	중점 학생 **[Before–After]**	선택적 함구증을 보이던 학생이 '꿈·끼 발표회'에서 자신의 의견을 발표하기까지의 **[변화 과정]**을 사례로 제시하였다.

[표 4.97] 연구 결과 명료성 작성 예시

06. [심사 기준 6] 연구 주제와 활동 연결성(10점)

12 연구 주제와 활동 연결성

설정한 연구 주제와 실제 진행된 학생 활동들이 겉돌지 않고 하나로 긴밀하게 이어져 있음을 강조하며 작성한다.

구분	실전 전략	작성 예시
주제-단계 정렬	주제를 활동 **[단계]**로 세분화	'감정 인식 기반 관계 회복'이라는 주제를 감정 이해 → 공감 표현 → 대화 실천 → 공동체 **[확장의 단계로 활동]**에 반영하였다.
활동 목적 명시	**[주제 언어]**로 설명	**['감정 태그]** 활동은 자기 이해 역량 강화를, '나-대화법' 활동은 존중과 의사소통 역량 함양을 목표로 설계하였다.
주제 반복 노출	**[핵심 키워드]** 유지	모든 활동 안내문과 활동지에 '공감·존중·협력'이라는 **[핵심 주제어]**를 반복적으로 제시하였다.
활동-결과 연결	주제 관점 **[해석]**	협력 미션 후 학생들은 과제 수행을 넘어 '함께 해결하는 경험'의 **[의미를 인식]**하게 되었다.
주제-변화 일치	**[행동 변화]**로 입증	갈등 상황에서 먼저 대화를 시도하는 학생 행동 변화로 **['관계 회복'이 확인]**되었다.

[표 4.98] 연구 주제와 활동 연결성 작성 예시

07. [심사 기준 7] 실천 역량(15점)

보고서에 기술된 연구 주제 해결을 위해 학교 현장에서 충실하게 실천이 이루어졌으며 교육 효과를 높이기 위해 다양한 자료를 활용하고, 학생들과 깊이 있게 정서적 교감을 나누었음을 강조한다.

구분	1등급 작성 전략	작성 예시
현장 실천 운영	[일상 속] 지속 실천	창의적 체험 활동, 교과 연계 수업, 학급 운영 시간에 분산 적용하여 [일상 속 실천]으로 운영하였다.
교사의 조정 역할	[촉진자 역할] 강조	갈등 상황에서 교사는 중재자가 아닌 [촉진자로 개입]하여 학생 스스로 해결 방안을 도출하도록 지원하였다.
다양한 자료 활용	[목적 중심] 선택	감정 카드, 활동지, 패들렛, 공동 게시판 등을 활동 [목적에 맞게 선별]하여 활용하였다.
상호 작용 강화	[구조적] 설계	모둠 토의−짝 대화−개별 성찰을 [반복 배치]하여 상호 작용이 누적되도록 구성하였다.
참여자 확장	[교실 밖] 연계	학부모 공감 글쓰기와 지역 연계 활동을 통해 인성 실천을 [생활로 확장]하였다.
실천 지속성	[반복] 구조 설계	동일한 덕목을 다양한 상황에서 반복 적용하여 인성 행동의 [습관화를 도모]하였다.

[표 4.99] 실천 역량 작성 예시

4. 최종 제출 전 확인 - 감점 0점 전략

01. 감점 사항 및 심사 제외 사항

가. 감점 사항

구분	감점 사유
서식 및 규격 미준수	보고서의 여백(상/하/머리말/꼬리말 15, 좌/우 25 등), 줄 간격(160%), 글자 크기(본문 11pt, 표 9pt 이상) 등을 지키지 않은 경우
분량 초과	정해진 보고서 분량(교원 기준 본문 20쪽 이내 등)을 초과하여 작성한 경우
파일 용량 초과	연구 보고서 파일의 용량이 5MB를 초과하는 경우
표지 양식 미준수	보고서 표지 예시 양식을 그대로 따르지 않거나 지정 사항 외의 사진 등을 기재한 경우

[표 4.100] 감점 사유

나. 심사 제외 사항(등외 처리)

구분	심사 제외 사유
블라인드 규정 위반 (가장 중요)	표지, 요약서, 본문(사진 포함), 부록 등에서 작성자 성명, 학교명, 지역명(시·군·구 단위 포함) 등을 익명화하지 않고 노출한 경우 → 즉시 심사 제외
인쇄 규정 위반	보고서를 반드시 흑백으로 양면 인쇄해야 하며, 표지를 포함해 컬러로 인쇄하여 제출하면 심사에서 제외
QR코드 개인정보 노출	보고서 내 QR코드를 통해 연결된 자료에서 개인 신상이 노출될 경우
신분 변동	연구 수행 기간 중 근무지 이동(타 시·도 전출 등)이 있는 경우
공동 연구 제출	이 대회는 1인 연구가 원칙이며, 2인 이상 공동 연구는 인정되지 않음

[표 4.101] 심사 제외 사유

다. 입상 취소 및 3년간 출품 자격 제한(중대 위반)

구분	입상 취소 사유
표절 및 모작	• 타인의 저작물이나 아이디어를 출처 없이 사용한 경우 • 카피킬러 검증 결과 표절률이 20% 이상인 경우 • 연구 학교(중점 학교)의 추진 내용을 그대로 개인 보고서로 작성한 경우
데이터 위조 및 변조	존재하지 않는 연구 결과를 허위로 만들거나, 데이터를 조작하여 결과를 왜곡한 경우
저작권 침해	사진, 이미지, 폰트, 동영상, 배경 음악(BGM) 등을 무단으로 사용하여 법적 문제가 발생한 경우
부정한 실적 사용	수업 사진이나 산출물 등이 당해 연도 활동 내용이 아닌 경우
중복 출품	동일한 작품을 복수의 연구대회에 이중으로 출품하여 입상한 경우

[표 4.102] 입상 취소 및 출품 자격 제한 사유

02. 교사들이 흔히 놓치는 부분

가. QR코드에 의존하는 구성

• QR코드로 연결된 유튜브 영상의 채널명, 구글 드라이브의 파일 소유자 등이 노출
 → 블라인드 규정 위반으로 즉시 심사 제외
• 해결 방안: 코드 사용은 가급적 지양, 꼭 필요한 경우 익명 계정 사용 및 철저한 블라인드 처리 확인

나. 흔한 실수: 블라인드 처리의 함정 - 간접 식별 정보

• 작성자 이름은 지웠지만, 사진 속 이름표, 상장 속 학교명, 학급 게시판의 교사명, 가정통신문 헤더의 학교 로고 등이 그대로 노출

확인 포인트
• 모든 사진을 1장씩 확대하여 간접 식별 정보 제거 • 학급 게시판, 교탁, 칠판, 현수막, 교복, 명찰, 상장, 가정통신문 등 철저히 모자이크하기 • 지역명(시·군·구 단위 포함) 삭제

03. 연구대회 제출 전 체크 리스트

구분	체크 리스트 (2025년 기준입니다)	
표절	• 카피킬러 표절률이 20% 이하인가?	☐
	• 표절 의심 부분이 연구 목적, 연구 결과(설문 결과 수치 일치) 등 주요 부분에 몰려 있지 않은가?	☐
	• 이 연구를 연구 학교 보고서, 논문, 공모전 등에 제출한 자기 표절은 아닌가?	☐
형식	• 총 20쪽 이내인가?(겉표지 및 요약서 2쪽 이내 ☐ , 부록 최대 5쪽 ☐)	☐
	• 여백 규격 상/하 15, 좌/우 20, 머리말/꼬리말 10을 맞췄는가?	☐
	• 글꼴 규격을 맞췄는가? - 글자 폰트는 코펍체(KoPub서체) 권장 ☐ - 본문 글자 크기 10포인트 이상 ☐ 표 9포인트 이상 ☐	☐
보고서	• 보고서 내 사진, 공문, 서술에도 개인정보가 포함되지 않는가? (가정통신문, 공문 지역 교육청명, 대학교 이름, 학교 이름, 연수 이수증 주의)	☐
	• 보고서 내 QR코드 및 링크에 개인정보가 노출되어 있지 않은가? (가정통신문 학교 이름, 학생 사진 속 뒤 학교 이름, 교탁이나 칠판 위에 붙어 있는 학교 이름, 수업 자료의 교사와 학교 이름, 학생 결과물의 학교 이름 개인정보)	☐
	• 목차는 페이지와 일치하며 ☐ , 페이지 번호가 순서대로 잘 매겨져 있는가? ☐	☐
	• 저작권 문제가 없는 것을 사용했는가?(이미지, 배경, 글꼴 등)	☐
	• 참고 문헌 작성을 하였는가?	☐
출력	• 표지 - 요약서 - 목차 - 본문 - 참고 자료 순서로 ☐ , A4용지 좌철 흑백 양면 인쇄하였는가? ☐ (파일 업로드 시 칼라, 흑백 모두 가능)	☐
	• 보고서 표지는 반드시 정해진 서식으로 무 코팅지에 출력하였는가? (제본 시에도 제본 표지 선택은 광택이 없는 '스노우지'로 선택해야 하며 보고서 위에 단면 표지 한 징 추가하면 됩니다.)	☐
제출 파일	• 업로드 파일이 5M 이하인가?	☐
	• 카피킬러 요약 보기 출력물을 준비하고 본인 서명하였는가?	☐
	• 상권 동의서(학생용) 스캔본을 PDF 파일 1개로 묶어서 포함시켰는가?	☐
	• USB 정리 목록 - 연구 보고서 파일 1부 ☐ - 파일명 '학교급 - 학교명 - 이름 - 2025 인성 보고서' 확인 ☐	☐

[표 4.103] 제출 전 체크리스트

【 Chapter 5 】
보고서 완성도 높이기

보고서 다 썼는데, 이제 제출해도 될까요?

보고서 작성을 끝냈다고 해서 제출할 준비가 된 것은 아니다. 마지막 마무리 과정이 보고서의 완성도를 결정한다. 형식이 규정에 맞지 않거나, 익명성을 지키지 못하거나, 편집이 어긋나 있으면 아무리 좋은 내용도 제대로 평가받지 못한다. 이 장에서는 형식 점검, 익명성 확보, 편집 안정성, 인쇄 품질까지, 보고서의 완성도를 한 단계 끌어올리는 실전 방법을 제시한다.

1. 보고서 형식의 최종 체크

아무리 잘 쓴 보고서라도 형식이 규정에 맞지 않으면 심사 대상에서 제외될 수 있다. 내용의 완성도보다 먼저 확인되는 것이 형식이기 때문에 제출 전 형식 점검은 선택이 아니라 필수이다.

대회마다 형식은 다르다. Part 4에서 참여한 대회의 형식을 다시 한번 체크하자.

대회	참고 페이지
수업혁신사례연구대회	129
디지털교육연구대회	149
인성교육실천사례연구발표대회	167

[표 4.104] 대회별 참고페이지

2. 감점 요소 없애기

보고서를 다 썼다고 끝이 아니다. 연구대회에서 가장 아까운 감점은 대부분 내용이 아니라 실수에서 나온다. 실제로 사전 심사를 해 보면, 감점을 하나도 받지 않은 보고서를 찾는 것이 더 어려울 정도이다. 보고서를 다 작성하면 제출 직전 반드시 점검해야 한다.

01. 지역명, 인적 사항 삭제

연구대회는 '익명성'을 전제로 한다. 그런데 생각보다 많은 보고서가 사진 속 학교 이름, 교복 로고, 표 캡션 등에 학교명이 그대로 남아 있어 감점된다. 표지, 본문, 부록 어디에도 지역명, 학교명, 기관명, 인적 사항 등이 남아 있으면 안 된다. 교육청명, 교육지원청명, 학교명이 포함된 문구, 사진은 모두 삭제하거나 블러 처리하고, '○○'으로 대체해야 한다.

가장 많이 실수하는 감점 구역 체크하기

- ☐ 가정통신문에 적힌 ○○ 중학교, ○○초등학교
- ☐ 공문에 적힌 ○○ 중학교, ○○ 교육청
- ☐ 연수 이수증에 적힌 ○○ 중학교, ○○ 교육연수원
- ☐ 개인 역량 강화로 대학원 재학 중, 졸업 작성 시, ○○ 대학교 ○○학과
- ☐ 학생 활동 사진 속 학교 이름이 보이는 현수막, 교탁에 학교 이름
- ☐ 동영상 속 교탁에 학교 이름이 적혀 있는 경우

02. 학생 얼굴 및 교사 얼굴 보이지 않나요?

학생, 교사 등 개인이 등장하는 사진은 동의서가 필수이다. 동의서를 받았더라도 시간이 지나면 "얼굴이 노출되었다", "사진 사용을 원치 않는다"와 같은 민원이 발생할 수 있다. 연구대회 보고서에서는 얼굴을 식별할 수 없도록 처리하는 것이 가장 안전하다. 흔히 사용하는 모자이크는 사진의 생동감과 전체 분위기를 흐릴 수 있다. 가장 안정적이고 깔끔한 방법은 얼굴 아이콘으로 가리는 방식이다.

- 캔바/미리캔버스 → 요소 → 사람/학생 아이콘 검색
- 얼굴 위에 아이콘을 배치하면 개인정보 보호, 사진의 생동감 유지, 디자인 통일성 세 가지를 동시에 확보할 수 있다.
- 사진이 많은 보고서일수록 얼굴 처리 방식 하나가 전체 완성도를 크게 좌우한다.

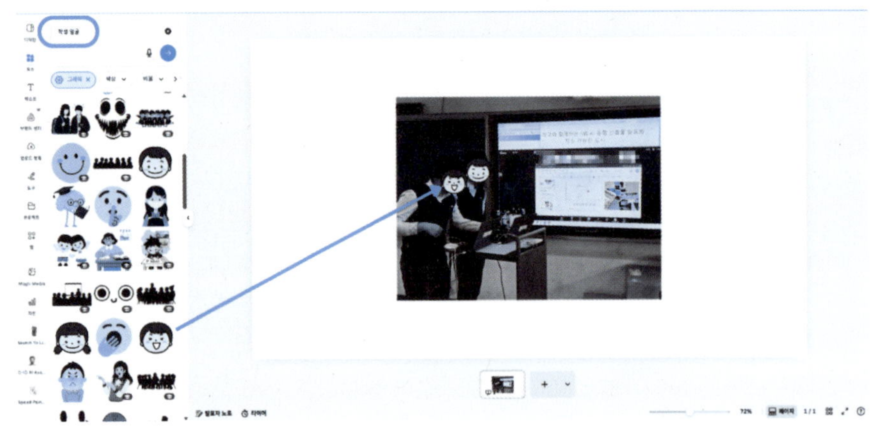

03. QR코드 및 링크 속 점검하기

보고서의 감점 요소를 다 체크했다면 QR코드와 링크를 점검해야 한다. QR코드와 링크를 넣는 경우가 많은데 철저하지 않을 거면 아예 QR이나 링크를 넣지 않는 것이 좋다. 심사위원들이 QR코드나 링크를 열어보면 학교명, 지역명, 교사명, 학생 정보가 그대로 노출되는 경우가 매우 많다. 이 항목은 실제 심사에서 감점이 가장 자주 발생하는 부분이다. 부분이다. QR코드를 심사에서 제외하는 경우도 많기 때문에 보고서 작성의 시간이 부족하다면 사용하지 않는 것이 좋다.

□ 유튜브 영상 제목에 학교명, 교사명 표기
□ 구글 드라이브 폴더명: "○○여중_활동 사진", "○○중 Spark 수업 자료"
□ 학생 예시 파일에 학교·학번·이름이 모두 적혀 있는 경우
□ 수업 자료 ppt, pdf 첫 표지에 교사 이름이 남아 있는 경우
□ 다운로드 파일명 : "○○중_3학년_프로젝트.jpg"

04. 글씨체, 글자 크기 규정 준수했는지 체크하기

생각보다 가장 많이 틀리는 부분이 바로 글씨체와 포인트이다. 연구대회에서 규정하는 글씨체는 예쁘지 않지만, 가장 선명하게 인쇄되고 심사위원 입장에서 수많은 보고서를 보게 될 때 가장 잘 읽히도록 설계된 '표준 글씨체'이다.

• 편집 – 찾기 – 찾을 글자 모양 검색해서 지정 글씨체 아닌 것 지우기

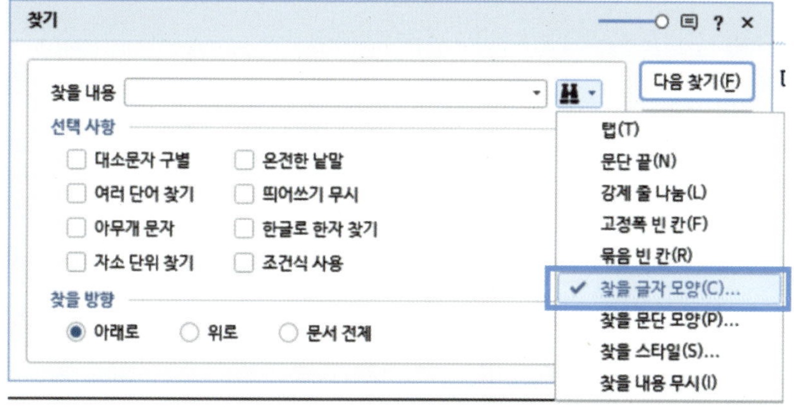

3. 흑백 인쇄 시 잘 보이게 하기

보고서를 컬러로 작성하고 화면에서 보면 굉장히 잘 보인다. 하지만 출력 제출물은 대부분 흑백이다. 따라서 제출 직전에 반드시 흑백 모드로 바꾸어 그래프, 표, 강조 등이 잘 보이는지 확인해야 한다.

□ 노란색, 파스텔톤, 밝은 회색은 흑백 출력 시 거의 사라진다.
□ 중요한 선·도형은 검정 또는 진한 회색(80% 이상)을 사용한다.
□ 그래프 선 굵기: 0.75pt 이상
□ 사진은 너무 어둡거나 밝지 않게, 명도 대비 확인
□ 강조 색은 → 흑백에서도 보이는 진회색 박스 또는 검정 배경 + 흰 글씨

4. 보고서 인쇄하기

아무리 화면에서 완벽해 보여도 실제 인쇄물의 품질이 낮으면 모든 노력이 물거품이 될 수 있다. 사진은 뭉개지고, 글자는 흐려지고, 그래프는 깨져 보이므로 제출 전 반드시 인쇄 품질 점검이 필요하다.

인쇄 품질 체크

- □ 해상도
  - 이미지 해상도 최소 200~300dpi
  - 캡처 화면은 흐려질 수 있으므로 선명도 조정 후 사용
- □ 한글 인쇄 설정
  - [인쇄] → 고해상도(고품질) 출력, "텍스트/선명도 유지" 옵션 체크
  - 흑백 출력 선택 후 번짐·먹힘 여부 확인
- □ PDF 저장 시 주의
  - PDF 변환할 때 이미지 압축 설정 OFF
  - 폰트 포함(서체 깨짐 방지) 옵션 체크

5. 보고서 출력, 제본 기준 맞추기

연구대회는 제본 방식, 제출 부수, 구성 순서까지 모두 규정되어 있다. 제본 단계에서 반드시 규정 일치 여부를 확인해야 한다. 체크를 잘못하고 제본해 버리면 다시 제본을 해야 하는 경우가 생긴다.

제본 순서(일반적인 연구대회 기준)

표지 → 요약서(1장) → 목차 → 본문 → 참고 문헌 → 부록
※ 대회별로 순서가 조금씩 다를 수 있으므로 규정 파일을 다시 확인해야 함.

제본 가이드

- □ 용지 : A4, 평량 100g/m2
- □ 제본 방식 : 좌철 제본
- □ 고급 제출본 : 열제본(업체 : 킨코스 등, 표지 업체에 pdf로 보내기)
  (제본 시 업체에 모두 맡기면 가격이 비싸지므로 출력 후 제본만 맡긴다.)
- □ 표지 컬러 여부는 대회 규정에서 반드시 확인

Part 5

연구대회 그 이후

연구대회 수상은 끝이 아니라 시작입니다.

교실에서 고민했던 수업이 보고서로 정리되고, 그 이후 진짜 변화가 일어납니다.
교내 공유가 교실 밖으로 확산되고, 연수와 공모전, 출판으로 이어지며,
그 모든 경험은 다시 교실로 돌아와 수업을 더 단단하게 만듭니다.

연구는 특별한 교사만 하는 일이 아닙니다.
우리가 매일 교실에서 하는 고민과 시도가 곧 연구입니다.
오늘 바꾼 질문 한 줄이 학생을 바꾸고, 학생이 성장하면 교실이 달라지며,
그것이 이 나라의 내일을 만듭니다.

【 Chapter 1 】
확산,
연구의 씨앗이 퍼지다

"연구대회가 끝나면 무엇이 남을까?"

연구대회 전국대회 보고서를 제출하고 나면 가장 먼저 드는 생각은 '다시는 하지 않겠다'이다. 전국대회 준비하면서 밤을 지새운 나날들이 생각나기 때문이다.

하지만 시간이 지나면 마음이 달라진다. 한 달쯤 지나 등급 결과가 나오면 이런 생각이 조용히 고개를 든다. '한 번 더 해볼까?', '다른 대회라면 더 잘할 수 있을 것 같다.', 학기 초 수업 아이디어가 떠오르면 '연구대회 한 번 더 나가볼까?'라는 생각으로 이어진다. 그렇게 연구대회는 끝이 아니라 새로운 시작이 된다.

이 장에서는 연구대회 이후 어떻게 확산되고, 어떤 기회로 이어지며, 어떻게 교사의 정체성을 바꾸는지를 살펴본다.

1. 연구대회 이후 나에게 남는 것

연구대회가 끝나고 나면 상장 하나가 남는 것이 아니다. 상장보다 값진 것은 보고서 한 권 안에 담긴 수업 설계 능력과 교육과정 재구성 능력, 그리고 이를 하나의 보고서로 만들어 내는 힘이다.

01. 수업 한 세트

연구대회를 마치고 나면 학기, 1년의 완성된 수업 한 세트가 남는다.

수업 흐름, 활동지, 수업 자료, 평가, 학생 결과물, 피드백, 개선점이 하나로 모인다. 흩어져 있던 수업이 연구대회를 준비하는 과정에서 정리되며, 결국 한 묶음의 수업 패키지로 완성된다. 이 수업 한 세트는 다음 해 같은 수업을 할 때, 동료 교사와 공유할 때, 다른 대회에 나갈 때 그대로 활용할 수 있다.

02. 보고서 작성 역량의 성장

연구대회 보고서를 한 번 작성하고 나면 보고서 작성 역량이 확 늘어난다. 연구 구조를 체계적으로 설계하는 능력, 근거 기반으로 서술하는 논리력, 표와 그래프로 시각화하는 능력, 심사 기준을 분석하고 대응하는 전략적 사고가 보고서를 쓰는 과정에서 자연스럽게 체득된다.

연구대회 보고서는 자료 공유의 완성형이다. 연구 배경과 필요성이 명확하게 정리되고, 수업 설계와 실행 과정이 체계적으로 서술되며, 학생 변화 데이터가 근거로 제시되고, 참고 문헌과 부록이 첨부되어 완결성을 갖춘다. 이 보고서는 교내 공유, 연수 자료, 사례 발표, 출판으로 이어질 수 있는 기반이 되고, 이 역량은 연구대회 이후에도 계속 활용된다.

2. 나의 수업이 교실 밖으로

연구대회를 마치고 나면 나의 수업이 교실 밖으로 나간다. 교내 공유로 시작해 교육청, 전국 단위로 확산되고, 전문적 학습 공동체(PLC)로 발전한다.

01. 교내 공유에서 전문적 학습공동체 형성으로

연구대회를 준비하며 만들어 둔 '내 수업 한 세트'는 혼자만의 자료로 남지 않는다.
"선생님이 만드신 수업 자료를 우리 반에서도 써볼 수 있을까요?"
"선생님 – AI 피드백 방식 안 어려워요? 저도 해볼 수 있을까요?"

이런 요청이 들어온다. 연구대회 전이라면 "나중에 드릴게요!"라고 넘겼을 것이다. 하지만 이제 다르다. 자료가 이미 구조화되어 있어 즉시 공유할 수 있다. 수업 흐름, 활동지, 평가, 학생 결과물이 한 세트로 정리되어 있어 동료 교사도 바로 수업에 적용할 수 있다.

이때부터 '내 수업'은 혼자만의 성과가 아니라, 함께 만들어 가는 수업으로 변화하기 시작한다.

02. '나만의 수업'이 '학교 문화'로

공유가 한 번 시작되면 그다음 전개는 생각보다 빠르다. '자료만 주고 끝'이 아니라 자연스럽게 교내 자율 연수가 형성된다. 점심시간에 짧게 모여 수업 흐름을 공유하고, 방과 후에는 활동지와 평가를 함께 연구한다. 어떤 교사는 활동지를 더 단순하게 바꾸고, 어떤 교사는 평가 기준을 더 명확하게 정리한다. 이 과정에서 수업은 단순히 '복제'되는 것이 아니라 우리 학교 맥락에 맞게 변화하고 성장한다. 그리고 이때부터 더 중요한 변화가 시작된다.

수업이 '한 사람의 아이디어'가 아니라 우리 학교가 함께 만드는 방식으로 바뀌기 시작한 것이다. 같이 하는 수업은 함께하는 연구로 확장된다.

교내에서 함께 적용하고, 함께 수정하고, 함께 결과를 나누는 과정이 반복되면 수업은 '사례'가 아니라 문화가 된다. 그 결과 새로 오시는 선생님에게 "우리 학교는 이렇게 한다." 라고 말할 수 있는 방식이 형성된다.

이 흐름은 더 큰 프로젝트로 연결된다. 교과를 넘나드는 협업이 시작되며 학교 교육력 제고 연구팀이 구성되었다. 혼자 시작한 연구가 공동체 역량, 인권 감수성, 디지털 리터러시를 함양하는 학교 전체의 '공·감·지·수 (공동체, 감수성, 지능, 수용) 역량 강화 프로젝트'를 설계하는 단계로 확장되었다.

혼자였다면 시도조차 어려웠을 이 프로젝트는 '학교 교육력 제고 우수 연구 사례'로 선정되는 성과로 이어졌다. '나'의 연구가 '우리'의 연구로 확장되며, 학교 전체의 교육력을 높이는 철학이 형성된 순간이 만들어진다.

3. 교실 밖의 확산

학교 안에서 시작된 수업 공유는 학교 밖으로 확산된다. 연수 요청이 들어오고, 사례 발표 기회가 생기며, 전국 단위 교사 연구회로 연결된다. '나의 수업'은 '우리 지역의 수업'을 넘어 '전국의 수업'이 된다.

01. 다른 학교로의 연수 요청

연구대회가 끝나고 나면 공유는 학교 안에서만 멈추지 않는다. 한 번 정리된 수업은 이미 '설명할 수 있는 형태'가 되기 때문이다. 그러다 어느 날 교실 밖에서 연락이 오기 시작한다.

- "신샘님, 그 수입 사례로 연수 한 번 해 주세요."
- "자료가 너무 좋아서요. 다른 학교 선생님들과도 같이 배워 보고 싶습니다."

처음에는 당황스럽다. 연구대회 참여 전이라면 더 그랬을 것이다. 그러나 연구대회를 거치고 나면 마음이 달라진다. 이미 내 손에 '수업 한 세트'가 있고, 그것을 꺼내 보여 줄 수 있기 때문이다.

연수 이후 이런 피드백이 온다.

- "선생님 수업 사례 듣고 우리 학교에서도 메타버스 프로젝트를 시작했어요."
- "디지털 게이미피케이션 수업에 적용했더니 학생들 참여도가 확 달라졌어요. 감사드립니다."

나의 연구 사례가 다른 선생님에게 새로운 연구의 출발점이 된다. 이러한 피드백은 교사로서 큰 보람이 된다.

02. 연구가 되돌려주는 피드백, 수업의 업그레이드

연수는 자료를 '전달'하는 자리로 끝나지 않는다. 연수 현장에서는 질문이 쏟아지고, 그 질문을 받는 순간 수업의 선명해진다.

> • "우리 학교는 디지털 기기가 부족한데 어떻게 적용할 수 있을까요?"
> • "중학교에서도 이 활동지를 그대로 쓸 수 있을까요?"
> • "평가 기준을 우리 학교 상황에 맞게 바꾸려면 어떻게 해야 할까요?"

설명이 길어지는 부분은 구조가 헷갈리는 지점이고, 반복해서 요청받는 자료는 현장에서 실제로 필요로 하는 핵심이다.

더 중요한 상황은 그다음이다. 연수를 들은 교사가 각자의 학교에서 수업을 적용하고, 바꾼 방식과 결과를 다시 공유하게 된다. 이 적용 사례는 "이 수업이 다른 현장에서도 작동하는가"를 확인하는 현실적인 검증이 된다.

질문과 적용 사례가 축적되면 수업은 개인 자료가 아니라 '검증된 수업'으로 전환된다. 이제부터 연구의 의미도 달라진다. 연구는 완성으로 끝나지 않는다. 나누는 순간 확산하고, 확산 과정에서 더 단단해진다. 그 흐름 속에서 교육청, 대학교, 방송 등 새로운 장면으로 연결되며 연구된 수업은 지속적으로 성장된다. 연구자뿐만 아니라, 연구 그 자체도 스스로 성장해 나간다.

4. 확산을 지속하는 Tip

이제부터 이러한 확산을 지속하는 방법을 이해해 보자. 수많은 학회, 연수, 교내 나눔을 이어가며 [나눔의 4원칙]을 정리하게 되었다.

요소	내용
일반화 및 실천 가능성	• 이론 중심이 아닌, 내일 당장 교실에서 적용해 볼 수 있는 것을 개발하고 나눈다.
진솔함	• 성공 사례만이 아니라 실패와 어려웠던 사례도 함께 나눈다.
상호성	• 나는 연수 강사가 아니라 함께 배우는 동료 교사다.
개방성	• 내 자료의 저작권을 갖되, 충분히 공유가 가능한 자료는 아낌없이 공유하고, 다른 선생님들의 수정과 재창조를 환영한다.

[표 5.1] 나눔의 4원칙

연구는 완성되는 순간 멈추는 것이 아니다. 나눔을 통해 확산되고, 확산을 통해 진화하며, 진화를 통해 더 많은 교실에 변화를 만들 수 있다. 이것이 교사들의 수업 연구가 가진 진정한 힘이다.

5. 혼자에서 우리로 전문적 학습 공동체

연구대회를 한 번 참여하면 교육자로서 연구자로서 모습이 확실히 달라진다. 학교 안에서 공유가 시작되고, 교실 밖으로 연수 요청도 이어진다. 그러나 이러한 확산이 곧 도약은 아니다.

수업 연구가 깊어질수록, 어느 순간부터 비슷한 지점에서 계속 맴돈다. 아이디어는 나오지만 '큰 전환'이 잘 일어나지 않는다. 결국 고민의 범위가 내 교과의 언어와 틀 안에서만 반복되는 느낌이 든다. 이때부터는 수업을 더 발전시키기 위해 필요한 것이 '혼자만의 더 많은 노력'이 아니라, 다른 시선과 다른 전문성이라는 사실을 깨닫게 된다.

전문적 학습 공동체(PLC)로 발전되는 방향성

이 시점부터 전문적 학습 공동체(PLC)가 필요해진다. 처음부터 거창할 필요는 없다. "같이 이야기할 사람이 있으면 좋겠다"라는 마음으로 시작하면 된다. 그러나 이 작은 연결은 시간이 지나며 확산의 큰 힘이 된다. 처음 30명으로 시작한 모임이 2025년 현재 1,500명이 넘는 공동체로 성장한 이유도, 결국 그 힘의 관성이 지속하여 작용했기 때문이다. 중요한 것은 숫자가 아니다. 그 안에서 만들어지는 교육의 융합과 마음의 연결이 핵심이다.

01. 교과의 경계를 넘는 순간 수업은 다시 성장한다

전국 단위 전문적 학습 공동체(PLC)의 가장 큰 장점은 다양성이다. 역사 교사는 국어 교사의 'AI 작문 수업'을 배우고, 수학 교사는 '메타버스 모델'을 도형 수업에 가져간다. 이렇게 서로 다른 교과의 교사가 서로의 수업을 배우고, 각자의 교실 맥락에 맞게 재구성한다. 한 교과에서 만든 아이디어가 다른 교과로 이동하며 새로운 수업이 된다.

또 하나의 주제를 함께 설정하고 학습 자료를 재설계한 뒤, 디지털 콘텐츠 창작 활동으로 확장하여 융합 수업 모델을 만들기도 한다. 이러한 협업은 공모전 수상으로 이어지기도 한다.

함께했더니 혼자라면 생각조차 못 했던 방향이 열린다. 서로 다른 전문성이 만나면 1+1은 2가 아니라 무한대가 된다.

02. 연구가 공식 프로젝트로 확장된다

자발적 모임으로 시작한 전문적 학습 공동체(PLC)는 시간이 지나면 단순한 나눔을 넘어 '공식적인 일'로 이어진다. 활동이 축적되고 결과물이 생성되면, 외부 기관과의 연결이 자연스럽게 발생한다. 교육부 전국 단위 수업·평가 교사 연구회, 다양한 외부 기관과 함께하는 수업 모델 개발에도 참여할 수 있다.

이 과정에서 연구의 성격이 변화한다. 연구대회가 '내 수업을 증명하는 경험'이라면, 전문적 학습 공동체(PLC)는 '내 수업을 더 단단하게 만들고 오래 살아남게 하는 구조'가 된다. 개인의 아이디어가 집단의 지성과 결합하면, 작은 수업은 정책과 프로젝트로 연결되는 실행력을 갖게 된다.

03. 24시간 꺼지지 않는 연구실

온라인 공간에서는 시공간의 제약이 사라진다. 밤에 올라온 고민이 다음 날 아침 해결되고, 다른 지역의 적용 사례가 즉시 공유된다. 이 속도감이 모두의 연구를 실제로 움직이게 한다.

무엇보다 중요한 것은 선순환이다. 누군가의 성장이 또 다른 누군가의 출발점이 된다. 한 번 만들어진 자료가 여러 학교와 여러 현장에서 다시 쓰이고, 그 과정에서 수정된 버전이 다시 돌아온다. 그 피드백이 또 다른 개선으로 이어진다. 이렇게 순환 구조가 형성되면 연구는 '혼자 해 낸 성과'가 아니라 '함께 움직이는 성장의 힘'이 된다.

'에듀테크 교사 연구회'	'전국단위 수업 평가 교사 연구회'를 모집공고가 등재되는 교육부 '함께학교'
https://open.kakao.com/o/gpKVWsif (참여 코드: dongssam)	3월에 모집하는 전국단위 연구회

[표 5.2] 전국 단위 교사 연구회 '에듀테크 교사 연구회'와 함께학교 플랫폼

Chapter 2

연구대회 이후,
새로운 기회가 보이다

"연구대회를 마치고 나니,
보이지 않던 것들이 보이기 시작했다."

연구대회를 한 번 참여하고 나면 달라지는 것이 있다. 어느 날 갑자기 맡게 되는 새로운 업무 앞에서도 예전처럼 겁부터 나지 않는다. 사업 계획서를 써야 할 때, 운영 결과 보고서를 제출해야 할 때, 새로운 프로젝트 제안서를 만들어야 할 때도 마찬가지이다.

예전에는 문서 작업이 늘 부담이었다. 사업 이름을 붙이는 것부터 막막했고, 근거를 어디에 어떻게 배치해야 하는지도 헷갈렸다. "이게 맞나?"라는 마음이 먼저 앞섰다.

그러나 연구대회는 그 과정의 모두를 경험하게 한다. 주제 설정부터 설계, 실행, 자료 수집, 결과 정리, 의미 해석까지 '글로 완성하는 한 사이클'의 모든 경험이 남는다. 그래서 연구대회 이후에는 다음과 같은 변화가 생긴다.

일이 새로 생겨도 '무섭다'보다 '정리하면 된다'가 먼저 떠오른다. 보고서가 필요한 순간에도, 계획서가 필요한 순간에도 손에는 이미 '구조'가 있다. 무엇을 먼저 쓰고 (배경·문제), 무엇을 보여 주고(과정·근거), 무엇으로 마무리할지(성과·확산)를 알고 있기 때문이다.

이번 챕터에서는 한 번의 연구가 강의·연수·사례 발표, 공모전, 출판 같은 여러 갈래로 이어지는 과정을 정리해 본다. 더불어 중요한 것은 '기회가 왔다'가 아니라, 그 기회를 붙잡을 수 있게 해 주는 자료 정리 능력과 문서 역량이 내 안에 형성되었다는 사실이다.

1. 첫 번째 길: 강의, 연수, 사례 발표로 연결

연구대회를 한 번 끝내고 나면, 가장 먼저 열리는 길은 '현장에서 나누는 자리'이다. 교내에서 정리된 수업이 이미 설명 가능한 형태(흐름 – 활동지 – 평가 – 결과물)로 갖춰져 있기 때문에, 누군가에게는 그 자체가 하나의 연수 콘텐츠가 된다.

연락은 다양한 형태로 들어온다. 연구대회 설명회나 수업 사례 나눔, 에듀테크 활용 연수, 신학기 워크숍, 컨퍼런스 사례 발표, 찾아가는 학교 컨설팅 등이다.

01. 강의 대상의 확장: 교사, 학부모, 학생

강의의 대상은 교사에만 머물지 않는다. 학부모 연수로 확장되면 관점이 달라진다. 학부모는 도구보다 '우리 아이가 무엇을 배우고, 어떤 힘을 기르는지'를 알고 싶어 한다. 그래서 활동 소개보다 학습 목표-과정의 변화-피드백 방식을 중심으로 다시 구성하게 된다.

학생 대상 특강은 더 실천적이다. 교실에서 운영하던 수업 흐름을 바탕으로 캠프형 심화 특강으로 확장해, 문제 설정-기획-제작-발표까지 '과정형 경험'을 설계하게 된다.

02. 사례 발표는 또 다른 무대다

연수를 넘어 학회, 세미나, 컨퍼런스에서 사례 발표 요청이 들어온다.

사례 발표는 연수와 다르다. 연수가 '실천 중심'이라면, 사례 발표는 "이론과 실천의 연결'을 요구한다. 수업의 배경이 된 이론, 실계 근거, 실행 과정, 학생 변화 데이터를 학술적으로 정리해야 한다.

이 과정에서 연구대회 보고서는 사례 발표의 기반이 된다. 이미 이론적 배경, 수업 설계, 학생 변화 데이터가 정리되어 있어 학술 발표로 전환하기 쉽다.

03. 연구는 나누는 순간 더 단단해진다

강의·연수·사례 발표는 '외부 활동'이 아니라, 내 연구가 어디까지 전달되었는지 확인하고 더 다듬는 현장 검증의 장이 된다.

연구대회가 남긴 것은 상장이 아니라, 나눌 수 있는 형태로 정리된 수업이다. 그리고 그 수업이 곧 다음 기회를 여는 첫 번째 문이다.

2. 두 번째 길: 공모전으로 연구를 재구성하다

강의와 나눔이 '확산'이라면, 공모전은 연구를 다른 각도에서 다시 설계해 보는 성장의 장이다. 연구대회를 한 번 겪고 나면 공모전이 갑자기 쉬워지는 이유가 있다. 이미 한 사이클(문제 – 설계 – 실행 – 근거 – 성과 – 의미)을 끝까지 돌려 봤기 때문이다. 그래서 공모전은 '새로 시작'이 아니라, 이미 있는 수업을 심사 기준에 맞게 재구성하는 작업에 가깝다.

같은 수업이라도 공모전에서는 질문이 달라진다. 어떤 공모전은 '미래 역량' 관점으로 보고, 어떤 공모전은 '게임/미디어 문해' 관점으로 보며, 또 어떤 공모전은 '인권/공동체' 관점으로 본다. 즉 내용이 같아도 프레이밍이 달라지면 결과물도 달라진다. 이 과정에서 연구는 단단해지고, 한 수업은 여러 무대로 확장된다. 다음은 공모전의 특징이다.

특징	내용
단기성	• 2주~2달 이내의 짧은 준비 기간
시의성	• 그 해의 정책·이슈·트렌드 반영 강조
주최 기관	• 주최 기관의 목적과 가치에 부합하는 결과물 요구
심사 기준	• 연구대회보다 상대적으로 유연하고 창의성 중시
다양한 형태	• 수업안, 프로그램, 콘텐츠, 아이디어 제안 등

[표 5.3] 공모전 도전 시 고려사항

01. 1단계: 정보 수집과 선별

공모전 참여 첫 단계는 다양한 채널을 통해 공모전 정보를 체계적으로 수집하는 과정이다. 정보 수집 채널과 심사 기준은 다음과 같다.

공모전 4대 심사 기준
• 교육과정과의 연관성: 학교/학년/교과별 교육과정 연계성
• 창의성 및 참신성, 구체성: 설계한 수업이 차별성과 구체성
• 학습 효과성: 학습 효과성이 얼마나 구체적으로 드러났는가
• 확산 및 일반화 가능성: 수상 후 일반화 및 파급 가능성, 효과

[표 5.4] 공모전 정보 수집 채널과 공모전 4대 심사 기준

정보 수집 채널

- 각 교육청 홈페이지 공지 사항
- 교육부 및 유관기관 (KERIS, 한국과학창의재단 등) 공모전 안내
- 기업의 교육 공모전 (비상교육, 천재교육, 해냄에듀, 삼성, LG 등)
- 교사 커뮤니티 및 연구회의 정보 공유
- 공모전 통합 플랫폼
    - 위비티: www.wevity.com
    - 씽굿: www.thinggood.com
    - 콘테스트 코리아: https://www.contestkorea.com/

02. 2단계: 철저한 사전 조사

공모전 정보를 수집한 뒤에는 참여 여부를 결정하기 위한 사전 조사가 필요하다.

분석 항목	내용
수상작 분석	• 최소 3년치 수상작 검토 • 1등급 (대상, 최우수상) 수상작의 공통 요소 파악 • 심사위원 선호 경향 분석 • 주제 및 접근 방식의 트렌드 변화 추적
주최 기관 분석	• 교육부 공모전 → 현 교육정책 방향 연구 • 기업 공모전 → 해당 기업의 교육 철학 파악 • 공공기관 공모전 → 기관의 설립 목적 이해
심사위원 구성	• 교수 중심 심사 → 이론적 근거 및 학술적 깊이 강조 • 현장 교사 포함 심사 → 실천 가능성 및 구체성 강조

[표 5.5] 공모전의 분석 방법

03. 3단계: 차별화된 아이디어 구성 [차별화 3대 전략]

전략	내용
트렌드 반영 키워드 선점	• 2023년: Chat GPT 출시 직후 → 생성형 AI 활용 수업 • 2024년: AIDT 도입 예고 → AI 코스웨어 활용 수업 • 2025년: 교육부의 「모두를 위한 인공지능 인재 양성 방안」 발표 → 디지털 윤리, 디지털 리터러시 수업
융합과 통합	• 단일 교과 → 교과 융합 수업 • 단일 기술 → 여러 에듀테크 도구의 통합 활용 • 범교과적 접근 강조
학생 중심 데이터	• "이렇게 했습니다"가 아닌 "학생들이 이렇게 변화했습니다"의 데이터 • 구체적 증거 자료 제시: 학생 활동 결과물, 설문조사 결과, 학생 인터뷰, 사전 - 사후 비교 데이터

[표 5.6] 차별화 3대 전략

04. 4단계: 심사위원을 사로잡는 구성

공모전의 보고서는 형식만 갖춰서는 부족하며, 단 몇 분 안에 독자에게 핵심 메시지를 전달하는 구성이 중요하다.

요소	내용
도입부 (문제 제기)	• 명확한 문제 상황 제시, 최근 발생한 사건 • 구체적 문제 인식 (예: '학생들이 유튜브 구독자 수가 그 사람의 전문성이라고 생각')
본론 (해결 과정)	• 단계별 명확한 구조: (1단계 - 문제 진단) → (2단계 - 해결 방안 설계) → → (3단계 - 실행 과정) → (4단계 - 피드백 및 개선) • 단계별 세부 활동 및 도구 제시
결과 (성과 제시)	• 참여도, 만족도, 성취도 수치, 사전 - 사후 비교 결과 • 학생 소감 및 변화, 관찰 기록, 성찰 일지
마무리 (확산 방안)	• 일반화 가능성 제시, 타 교과/학교 적용 방안, 지속 가능성 및 발전 방향

[표 5.7] 공모전의 구성과 흐름

시각화 활용 전략 및 글쓰기 팁

시각화 자료 활용 전략	글쓰기 핵심 팁
• 수업 과정 사진 (Before & After) • 학생 활동 결과물 캡처 • 인포그래픽으로 정리한 데이터 • 수업 흐름도 및 구조도 • 타임라인 차트	• 한 문단 3~5문장 유지 • 명확한 소제목 활용 • 불필요한 수식어 제거 • 능동태 사용 ('~되었다' → '~했다') • 정량화 가능한 숫자와 사례 제시

05. 5단계: 발표 심사 준비

서류 심사를 통과한 뒤 발표 심사가 예정되어 있다면, 이는 최종 수상을 좌우하는 핵심 단계이므로 철저한 준비가 필요하다.

발표 준비 3원칙	
스토리텔링 구조	• 문제 제기 → 고민 과정 → 시도와 실행 → 결과와 성과 (데이터 나열 X, 스토리 구성 O)
시간 관리	• 10분 발표 → 8~9분 안에 종료 • 질의응답 시간 여유 확보 • 연습 시 실제보다 1~2분 짧게 연습 • 긴장 시 말이 빨라지는 것 고려
예상 질문 대비	• "이 수업의 한계는 무엇인가요?" • "다른 교과에도 적용 가능한가요?" • "예산이나 기기가 부족한 학교에서는 어떻게 적용할 수 있을까요?" • "학생별 수준 차이는 어떻게 대응하나요?" • "지속 가능성을 어떻게 확보하나요?"

[표 5.8] 발표 준비 원칙

발표 실전 팁

• 첫 1분이 승부 → 임팩트 있는 도입
• 핵심 메시지 3가지로 압축
• 학생 활동 영상 5~10초 클립 활용
• 열정과 진정성 표현
• 아이 컨택 및 제스처 활용

3. 세 번째 길: 출판으로 '수업을 남기다'

공모전이 연구를 재구성하는 무대라면, 출판은 연구를 공인된 형태로 고정하는 기회이다. 연구대회 이후 연수와 사례 발표를 이어가며 다양한 사람들과 연결되기 시작한다. 수업을 설명하는 자리에서 "그 수업 설계를 글로 정리하면 좋겠다", "현장에서 검증된 사례가 필요하다"라는 제안을 종종 받으며, 그 흐름은 자료집, 교과서 검토·지도서 집필 같은 출판 작업으로 이어진다.

교실에서 시작된 아이디어와 수업 사례가 교과서와 지도서에 실리면, 내 교실의 실험이 전국의 교실에서 다시 활용되는 구조가 형성된다. 단행본 집필도 동일한 논리로 작동한다. 수업에서 출발한 고민과 시행착오, 개선 과정을 글로 정리하는 일은 단순한 '기록'이 아니라 연구를 더 딘딘하게 만드는 또 하나의 실천이다.

01. 연구대회 이후 연결되는 출판의 형태

종류	내용
교육청 자료집	교육청 우수 사례집, 정책 연구 자료집 등에 수록
교과서·지도서	교과서 개발 과정에 참여하거나 교사용 지도서 집필
단행본 출판	교육 전문 출판사와 협업하여 개인 저서 또는 공동 저서

[표 5.9] 연구대회 이후 연결되는 출판의 형태

02. 출판이 여는 기회

출판은 단순히 '책 한 권'이 아니다. 출판 이후 새로운 기회의 문이 열린다. 책을 읽은 교사들이 자신의 교실에서 수업을 적용하고, 그 결과를 피드백으로 보내온다. 다양한 질문과 함께 연수 강사 제안이 들어오고, 수업 사례는 더 많은 현장으로 퍼져나간다.

한 권의 책은 다음 책을 부른다. 출판사에서 새로운 주제의 집필 제안이 오고, 공동 저서나 교과서 집필 작업으로 확장된다. 교사로서의 정체성도 달라진다. '수업하는 교사'에서 '수업을 연구하고 나누는 교사'로, 교실 안의 실천이 교실 밖의 확산으로 이어지는 순간이다.

Chapter 3

선순환을 만들다: 연구하는 교사로 살아가기

"선생님은… 왜 이렇게까지 하세요?"
"더 하려고가 아니라, 덜 흔들리려고요."

1. 관찰과 기록, 연구됨의 시작

어느 순간부터 수업이 끝난 뒤에도 교실을 쉽게 떠나지 못한 채 생각에 잠기게 된다. 학생들이 남기고 간 말 한마디, 설명에 스치듯 지나간 표정의 변화, 예상하지 못한 오답의 흐름까지, 그 모든 장면이 수업을 다시 돌아보게 한다. 스마트 칠판 앞에 조용히 서 있으면 오늘의 수업은 어떤 흔적을 남겼는지 스스로 묻게 된다. 그 질문 앞에서 교사는 다시 관찰자가 된다.

관찰은 단순히 학생을 바라보는 것에 그치지 않는다. 그것은 수업이라는 흐름 속에서 보이지 않는 학생의 내면을 읽어내려는 섬세한 공감이며, 교사의 주도권을 내려놓고 학생의 배움이 스스로 길을 찾아갈 때까지 묵묵히 지켜보는 인내이다. 이 모든 관찰의 여정을 비로소 교육적 가치로 완성하는 행위가 바로 기록이다. 이때의 기록은 찰나의 메모를 넘어선다. 그것은 휘발되는 시간을 성찰의 문장으로 되살려내는 근거이며, 교사 한 사람의 기억을 우리 모두의 배움으로 확장하는 나눔의 실천이다.

교사로서 연구란,

거창한 담론이나 복잡한 이론에서 시작되는 것이 아니다. 오히려 그것은 수업의 가장 낮은 곳, 즉 "왜 이 학생은 이 질문 앞에서 머뭇거렸을까?"라는 사소한 물음에서 비롯된다. 그 찰나의 물음을 놓치지 않고 붙잡아 두는 행위가 곧 기록이며, 그 기록이 층층이 쌓일 때 비로소 교사로서의 정체성이 선명하게 드러난다.

쉬는 시간, 한 학생이 슬며시 다가와 말을 건네는 순간이 있다.

"선생님, 아까 그 설명 정말 이해가 잘 됐어요. 머릿속에 딱 들어온 느낌이에요."

그 짧은 고백에 다시 수업을 떠올립니다.

고심하며 준비했던 설명의 흐름, 아이들의 반짝이던 눈빛, 그리고 배움이 일어나는 찰나의 정적과 환호. 이 사소하고도 경이로운 경험은 교사로서 내가 지켜내야 할 자리가 어디인지를 비로소 깨닫게 한다.

이러한 성찰의 시간을 지나며 비로소 깨닫게 된다. 연구는 교실 바깥으로 나아가는 일이 아니라, 교실 안에서 깊어지는 과정이다. 그것은 매일의 수업 속에서 끊임없이 자신을 성찰하고, 작은 변화를 시도하며, 그 결과를 다시 음미하는 삶의 태도이다. 연구는 더 대단해지기 위한 일이 아니라, 가장 '나다운' 교사로 존재하기 위해 묵묵히 걸어가는 길이 된다.

"선생님, 오늘 수업은 좀 어려웠거든요. 근데 집에 가서 다시 생각해보니까 무슨 말씀인지 알겠더라고요." 수업을 마치고 교실을 나서려는 찰나, 가방을 고쳐 메던 한 학생이 다가와 툭 던진 말이다. 그 짧은 고백을 가슴에 새기며 다시 기록을 남긴다. '오늘의 설명 방식은 과연 누구에게 가 닿았는가?' 아마 이 사소한 문장 하나가 언젠가 나를 또 다른 수업의 자리로 이끌 것이다.

교사로서의 진짜 도약은, 이런 반복에서 시작된다. 그리고 이를 가치있게 만드는 성장의 계기가 연구대회이다.

QR코드를 촬영하시면
관찰 기록 모음으로 연결됩니다.
해당 사이트에 게시된 학생 영상은 **초상권 동의서**를 받은 후 업로드 한 것입니다.

2. 연구의 정체성, 다시 교실로

연구대회 이후 확산과 성장을 거치며 하는 일이 정말 많아졌다. 연수 요청과 사례 발표, 공모전과 원고 제안까지 이어지면서 일정표는 금방 빽빽해졌다. 주변에서 왜 그렇게까지 하느냐고 물을 때면, 나 역시 스스로에게 왜 이렇게 바쁘게 사는지 되묻곤 한다. 하지만 그 답은 의외로 단순하다. 연구는 내게 단순한 '추가 업무'가 아니라 교사로서의 정체성 그 자체이기 때문이다.

물론 연구의 과정이 늘 편안한 것은 아니다. 연구대회와 연수, 집필 활동을 병행하다 보면 체력의 한계에 부딪히기도 하고, 때로는 '이것은 무리다' 싶은 순간도 찾아온다. 그럼에도 멈추지 못하는 이유는 역설적으로 연구를 하는 과정에서 가장 생생하게 살아 있음을 느끼기 때문이다. 수업에서 시작된 질문이 해결책으로 이어지고, 학생들의 반응이 달라지며, 그 모든 궤적이 기록으로 남을 때 비로소 '교사로서 성장하고 있다'는 사실이 선명해진다.

결국 연구는 남들보다 더 대단해지기 위한 수단이 아니라, 내가 좋아하는 방식으로 교사답게 살아가기 위한 선택이다. 그렇기에 고된 과정조차 '소진'이 아닌 '건강한 즐거움' 으로 다가온다. 이러한 정체성은 어느 날 갑자기 완성된 것이 아니다. 매 학기 수업 현장 에서 마주한 문제를 붙잡고 시도와 실패, 수정을 반복하는 과정에서 조금씩 빚어졌다. "나는 어떤 교사로 살고 싶은가"라는 질문에 대한 답이 선명해질 때, 그 선명함은 나의 다음 선택을 결정한다.

주변에서는 빽빽한 일징을 보며 빈아웃을 우려하기도 한다. 하지민 교사의 정체성에 부합하는 일을 할 때, 활동은 소진이 아니라 오히려 재충전의 기회가 된다. 연구대회 준비는 나의 정체성을 확인하는 여정이며, 연수는 전문성을 나누는 시간이고, 원고 집필은 다음 수업을 단단하게 다지는 기회이다. 결국 연구는 나를 멈춰 세우는 벽이 아니라, 다시 앞으로 움직이게 하는 동력이다.

여기서 도약의 정의는 분명해진다. 연구는 분명 교사를 교실 밖의 세계로 이끈다. 연수 요청이 오고 사례 발표가 이어지며, 공모전과 집필 제안이 뒤따른다. 그러나 도약의 핵심은 단순히 '밖으로 나가는 것'에 있지 않다. 진정한 도약은 그 모든 외부의 경험이 다시 교실로 돌아와 수업을 한층 더 단단하게 만드는 순간에 완성된다.

연수를 준비하며 수업의 구조는 더욱 정교해지고, 공모전을 거치며 같은 수업을 새로운 관점으로 재구성하게 된다. 출판이라는 과정을 통해 개인의 실험적 시도는 교육 현장의 공통 자산으로 거듭난다. 하지만 이 모든 여정의 종착지는 결국 교실이다. 학생들 앞에서 이 설계가 다시 생동하며 작동하는지, 더 의미 있는 배움이 일어나는지 묻는 지점으로 돌아올 때, 연구는 단순한 성과를 넘어 '수업을 살아 있게 만드는 방식'으로 자리 잡는다.

지금도 수업 중에는 작은 질문들이 끊임없이 고개를 든다. 그 질문을 놓치지 않고 기록하여 체계화하고 공유하는 순간, 새로운 연구는 이미 시작된 것이다.

그리고 그 모든 노력의 다음 행선지는 언제나, 다시 교실이다.

"연구는 특별한 교사만 하는 일이 아닙니다.
우리가 매일 교실에서 하는 고민과 시도,
작은 기록들이 곧 연구입니다.

그리고 그 일상은 생각보다 멀리 갑니다.
오늘 바꾼 질문 한 줄이 학생의 반응을 바꾸고,
그 변화가 쌓여 한 사람의 성장으로 남습니다.

학생이 성장하면 교실이 달라지고,
교실이 달라지면 학교가 달라집니다.

그렇게 조금씩, 조용히, 그러나 확실하게
교육은 앞으로 나아갑니다.

결국 우리가 하는 이 일상은
학생의 미래를 키우고,
이 나라의 내일을 만드는 가장 현실적인 힘입니다."

참고 문헌

[인성교육 실천사례 연구대회: KEDI 인성검사]

시청자미디어재단 – https://www.miline.or.kr/board?menuId=MENU00386

[KEDI 학생 역량 조사 연구]

한국교육개발원 – 연구보고 RR 2019-24, KEDI 학생역량 조사 연구

[수업혁신사례연구대회]

2025 불확실성 속의 합리적 사고 DATA 프로젝트로 수학핵심역량 기르기

2025 NAVI 프로젝트로 미래핵심역량 키워 세계시민 날개(WING) 펼치기

2025 음악으로 탐구·융합·전이하는 MuTIST 프로젝트를 통해 문화시민 4C 역량 기르기

2025 L.E.A.P AI와 디지털 포트폴리오로 세계시민으로 도약하기

2025 세계와 나, 지역을 잇는 이음(I-EUM) 프로젝트로 글로컬 시민역량(F.L.A.G) 세우기

2025 맞춤형 오마카세 프로젝트와 오타쿠 탐구태도로 미래 PEACE 역량 기르기

2025 인사이트(IN.史.E.T.) 있는 프로젝트 수업으로, 여섯 가지 핵심 역량 육각형 만들기!

2025 『O.L.I.V.E를 심어 TOLERANCE를 키우는 국어 수업』 -읽기·토론·논술·매체 제작 중심의
범교과 연계 프로젝트

2025 STEP프로젝트로 여고생 Queen 만들기

2025 I.D.E.A. 프로젝트로 지속가능한 미래를 만드는 설계 역량 키우기

2025 앎에서 삶으로 N.I.C.E 프로젝트를 통해 나를 이해하고 스스로 성장하기

2025 디지털 캔버스에 MOSAIC 수업 DRAW 프로젝트로 실천하는 민주시민 그리기

2025 『수학과 SEED 프로젝트』 빅토리노트로 평생학습자 씨앗 심기

2025 『RISE-AI와 함께하는 리터러시 기반 토론 수업』 MAP으로 미래역량을 담다!

2025 주도성 CPR 프로젝트로 미래를 향한 CHANCE 확장하기

2025 학생 주도성의 K.E.Y.를 통한 P.O.W.E.R. On 영어 수업으로 미래 역량 기르기

2025 MULTI-VITA 프로젝트로 전인적 미래 과학 인재 길러내기

2025 질문으로 '빛'나는 SODA x POP 사회 탐구 공동체에서 GOLDEN 시민되기

2025 삶과 배움이 살아있는 LIVE 영어 수업으로 미래 핵심역량 ON

2025 최고(ACES)의 수업과 GREEN 프로젝트를 통한 I.D.E.A. 실천하기

2025 세상과 소통하는 C.H.A.T.-디(Digital).자(自).인(Insight). 프로젝트로 미래 역량 기르기

2025 MAGIC ON 프로젝트로 학습자 주도 핵심 역량 스위치 ON

2025 AI 돋보기로 추적하는 역사탐정 프로젝트를 통해 자기주도적 G.R.O.W. 역량 성장하기

2025 PEAK로 가는 생각(T.H.I.N.K.)의 힘! 함께 프로젝트

2025 GUJO-MAP2 로 미래역량을 구조하라! 학습자 맞춤형 구조맵투플러스로 영어과 미래역량 키우기

2025 원픽(ONE-PICK) 수업으로 미래 역량 UP!

2025 GROW 프로젝트로 성장하는 PRISM, 다함께 신나는 수학시간

2025 하이테크 루틴(Ru-T-I-N) 수업으로 미래 핵심 역량 함양하기

2025 AI와 함께 MEET 프로젝트를 통해 나와 모두를 잇는(Self-Everyone-Link) 미래인재를 만나다

2025 K-ART로 여는 나-우리-세계, C.A.R.E와 ACT로 실천하는 체인지메이커

2025 SSAM(쌤)이랑 세(3)상 나침반 들고 세(3)상 확장하며 자기 주도성 기르기

2025 COSMOS 탐험 프로젝트로 미·래·인 과학 역량 기르기

2025 PIAGET 나침반을 따라 평형화(平·形·和)의 항로를 함께 항해(NAVIGO)해요

2025 SEL F 교육 기반 품(POOM) 안에 쏙(SSOK)!프로젝트로 튼품이 역량 기르기

2025 함·깨·해 COLOR ing 프로젝트로 국어 INK 역량 기르기

2025 LOVE품은 '나는야 별'(IAM STAR)프로젝트로 학습자 주도성 키우기

2025 MIND UP 프로그램으로 사회정서역량 키우기

2025 가치기반 THINK-POWER 개념탐구 수업으로 미래시민역량 기르기

2025 맞춤 TASTE UP! 사슐랭 프로젝트로 미래사회 4STAR 되기

2025 토끼와 거북의 RACE프로그램을 통한 WATER역량 기르기

2025 지역을 탐구하는 GPS-LOCAL-LENS 프로젝트로 한명 한명 빛나는S.H.I.N.Y 역량 기르기

2025 SCIENCE TEAM 프로젝트로 과학핵심역량 UP! 세상을 이끄는 미래과학자로 성장하기

2025 TRAVEL ING 프로젝트로 미래 시민 ROAD 걷기

2025 4C전략-W.E.A.R 수업디자인으로 완성하는 미래핵심역량 스타일링

2025 T.E.A.M. 전략 기반 L.I.F.E. 활동을 통한 영어 의사소통 역량 신장하기

2024 3Q 활용 문학 아카이브 수업 연구 –문학(시) 아카이브로 문학 향유자 되기

2024 3단계로 깊어지는 작가와의 대화 수업으로 자신감 있는 평생 문학 향유자로 성장하기

2024 ACTIVE를 통해 미래 핵심 역량과 책임감을 갖춘 교복 입은 시민으로 거듭나요!

2024 GPT와 함께하는 하이플렉스 러닝[Hyflex Learning with GPT]을 통한 핵심역량 GET

2024 HELP 수업을 통한 뻔한 실습수업 FUN 하게 설계 역량 기르기

2024 K-고3과 함께하는 MIRAE로 연결된 여.행.5.복 찾기 프로젝트

2024 MME 수업으로 자기주도성 및 미래 핵심역량 함양(Media Iiteracy-Maker Education-Edutech)

2024 꼬리에 꼬리를 무는 Question 프로젝트를 통한 미래 역량 TOP 쌓기

2024 미래교육 A·B·C를 활용한 미네르바 토론으로 만들어가는 4C 역량

2024 수학적 연결성을 강화하는 감탄수학 HALL 구안 적용

2024 오픈 플랫폼 기반 O.T.A 시민증을 활용한 디지털 시민 역량 강화하기

2024 우리 함께 HERO 화합 존중 탐구역량을 신장하는 에듀테크 활용 수업

2024 우리는 Life is MINE을 실천하며 DESIGN G.P.T.로 성장하는 사.회.인.

2024 학습에 깊이를 더하는 R.I.P. 프로젝트로 영어과 R.I.P. 영역 Deep하게 Rip하기

2024 미래 사회 인재 양성: 정보교과 AGENT 프로젝트로 핵심 역량 UP!

2024 미래를 준비하는 밋업(MEET-UP)교육과정으로 지혜롭게(W.I.S.E.) 미래핵심역량 키우기

2024 DOUBLE-語 읽기&쓰기 프로젝트를 통한 문해력 DOUBLE-UP

2024 PLUS αCODE로 FUN Maker 키움

2024 STEP 전략으로 생각(IDEA)과 영어 의사소통역량에 한 걸음 더!

2024 감(感)·수(搜)·성(成) CaTCh 프로젝트를 통한 미래 핵심 역량 키우기

2024 디지털 기반의 생생트리(T.R.E.E.) 프로그램 적용을 통한 미래 수학역량 신장

2024 띵(Thinking)! 하(Heart to Heart) 고(Going) 프로젝트를 통한 '도덕적 육각형 인재' 기르기

2024 미술로 세계시민 발걸음(STEP)으로 미래 핵심역량 키우기

2024 사이다(C-I-D-ER) 프로젝트를 통한 역사과 자기주도적 미래 인재 양성하기

2024 에듀테크 TRAIN 탑승! 밀.키.트. 국어 수업으로 자기 주도 미래 역량 기르기

2024 지속가능한 지구 M-A-K-E UP 클래스-위기를 우리의 L.I.G.H.T로 밝히자!

2024 참즐슬 수학해(HAE)봄 프로젝트로 교과역량 UP

2024 한국사 가이드 성장 길라잡이! 이해 중심 P-I-P-P 수업 설계

2024 학생 주도성이 활짝피어(PEER)나는 수학 수업 만들기

2024 [수학은 내 운명] 동상5몽과 "수학 알.지.오"로 깨우는 A-ha! 하모니파워

2024 1과 6, 서로의 SHERPA가 되어 찬찬히 찬찬히 국어마루를 향하여!

2024 A.C.E Learning기반 K-STAR모델로 핵심역량 기르기

2024 AI·디지털 기반 PIXAR 빛그림 공동교육과정으로 미래 주도 DIRECTOR 역량 기르기

2024 AI기반 생각대로 THINK STAR로 수학의 길은 탄탄대로

2024 HAN SPOON 더하기 프로젝트로 미래를 준비하는 과학 ReCIPE 역량 완성하기

2024 LIFE전략을 통한 주·인·공 글쓰기 수업으로 내 삶의 작가 역량 기르기)

2024 PLUS 프로그램으로 미래 사회를 이끌어갈 Hu TECH 인재 기르기

2024 Q-D.A.T.A. 모은 Double H.A.P.P.Y.프로젝트로 영어 행복 eMotion역량 가득한 +α 되기

2024 WE CAN 해!내!다! 프로젝트로 DOIT 역량 기르기

2024 놀친가득한 N.O.R.I.마당 프로젝트로 미래핵심역량 기르기

2024 뮤직테크를 활용한 SOUND of MU·SI·C 프로젝트로 동서양 선율넘는 꼬마 작곡가 되기

2024 삶과 지구촌을 연결하는 민주시민 탐구가, DEEP TALK 질문 수업으로 ON(溫) 세상을 꿈꾸다!

2024 에듀테크 in PAPS프로그램으로 SPORT心판 만들기

2024 지구(EARTH)지기 프로젝트로 F5생태시민 기르기)

[디지털교육연구대회]

2025 AI 디지털교과서 기반 맞춤형 순환 프로젝트로 메타인지 역량 기르기

2025 AI·에듀테크 기반 「따로 또 함께」 프로젝트로 특수학생의 진로역량 기르기

2025 CREW와 함께 SAIL하여 직업현장 문제해결력 기르기

2025 디지털 감수성 기반 감.성.지.행 프로젝트 지속가능한 미래를 여는 글로컬 시민성

2025 디지털 감수성 기반 감성지행 프로젝트 지속가능한 미래를 여는 글로컬 시민성

2025 디지털 도구 기반 배움살이 프로젝트로 미래직무역량 키우기

2025 직업계고 최소 성취수준 보장을 위한 문해력3.0 탐구수업으로 주도성 기르기

2025 질문으로 열고 디지털로 확장하는 5단계 질문 탐구 수업으로 과학적 역량 기르기

2025 사회정서학습 기반 나와 너 마.주.보.다 프로젝트로 민주 시민으로 성장하기

2025 AIDT기반 참여중심 차곡차곡 성공경험 프로젝트로 학습자주도성 기르기

2025 A.I.D.T. 설계를 통한 영어과 정의적 특성 및 기초학력 신장

2025 AIDT 기반 참여 중심 차곡차곡 성공경험 프로젝트로 학습자 주도성 기르기

2025 국어·미술 융합으로 여는 『온·오프 L.I.F.E. 이음새 프로젝트』지역디지털창의성 기르기

2025 역사에서 삶으로! 증강현실 활용 핵.인.싸 프로젝트로 미래핵심역량 기르기

2025 인공지능 기반 ECO AI(에코아이) 프로젝트를 통해 실천하는 생태지킴이로 성장하기

2025 AI 기반 S.L.O.W. 프로젝트로 섬바다에서 지구생태시민 기르기

2025 START UP 프로젝트로 디지털 창업가역량 기르기

2025 그림책 기반 HUMAN-MIND 프로그램를 통한 사회정서역량 기르기

2025 깊이있는 위벗 성공터치 프로그램으로 사회정서역량 기르기

2025 더(THE) REAL US 프로그램을 통한 통합교과 역량 기르기

2025 동화 속 이야기 비틀기로 AI 핵심역량을 갖춘 미래인재 기르기

2025 디지털 기반 뮤지컬 창작 수업으로 사회정서역량 기르기

2025 디지털 내러티브 기반 더.불.어.삶. 프로젝트로 미래 역량 기르기

2025 디지털 포용 기반 HARMONY(하모니) 프로젝트로 성장마인드셋 기르기
2025 디지털 기반 C.H.A.N.G.E. 통합 탐구 프로젝트 학습으로 체인지메이커 기르기
2025 디지털 메이킹 기반 Change-E.A.R.T.H 프로젝트로 세계시민역량 기르기
2025 디지털 체험학습으로 여는 미래, 공간확장 프로젝트로 다문화학생의 미래시민역량 기르기
2025 디지털 협업 도구를 활용한 지속가능발전교육 프로젝트 학습으로 협력적 문제해결력 기르기
2025 생성형 인공지능 시대, MOVE 프로젝트로 행동(ACTS)하는 디지털 시민 기르기
2024 AR전시관 예술의 섬 프로젝트로 창의·융합 능력 키우기
2024 4A 기반 TEAM프로젝트로 인문학적 사고력을 갖춘 미래인재 양성하기
2024 P.L.U.S.알파 프로젝트로 떠나는 디지털원주민 세계시민 성장기
2024 PBL기반 MTMT(Music Tech=Making Touch) 프로젝트로 소프트스킬 기르기
2024 데이터 융합 프로젝트 CEO 로 LEAD하며 미래형 기업가 정신 기르기
2024 모두가 참여하는 D.R.A.M.A. 프로젝트로 영어과 미래(CoSD) 역량 기르기
2024 이솦 활용 EDU 인(人)스타(S.T.A.R)프로그램으로 AI 진로 역량 기르기
2024 질문학습기반 퍼스널브랜딩 프로젝트로 디지털프로슈머 기르기
2024 코코(CoCo) 놀이터(NORI-ground) 프로젝트로 행복한 삶(S.A.M)의 주인공
2024 하이로(High-Low) 전략을 통한 미래 인재 양성
2024 하이터치를 실현하는 ALL-CARE 프로젝트로 미래시민을 품다
2024 하이테크와의 동행_WING프로젝트로 독서교육 하이터치

[인성교육실천사례연구발표대회]
2023 『시민의식의 크레센도』 정다움(情.DAUM) 프로젝트
2023 인공지능 CARE 프로그램을 통한 디지털 인성 키우기
2023 함께 넘기는 PAGE 프로젝트로 바른 인성 책갈피 남기기
2023 ALL(올)찬 미래형 인성교육과정으로 모두가 ★STAR가 되어요
2023 W.H.Y 트레이닝으로 C.O.R.E 역량을 갖춘 미래 세계 민주시민 기르기
2023 마음 숲을 더 가꾸어 미래의 주인공이 되어요
2023 마음을 잇는 B.R.I.D.G.E.프로젝트를 통한 원.더.풀. 성장기
2023 미래아이(MeRAE-i) P.L.A.N으로 인성역량 기르기
2024 인성북크리에이터 레시피북 SNS로 행복한 식탁 공유하기
2024 하이터치 씨앗(SEED)으로 미래 인성 꽃 피우기
2024 2024_인성교육 실천사례 연구대회(S M.I.L.E) 낭독 프로그램으로 마음의 창을 넓혀요
2024 B.O.O.K.이음 프로젝트로 시회적 감수성 역량 기르기
2024 그림책 레시피(RE-CIPE)로 마음의 힘 키워 햇살(S.U.N)같은 아이로 성장하기
2024 내강외유 마음챙김 프로젝트로 행복 역량 키우기!
2024 인성-초등-多가치-E.C.H.O 프로젝트로 평화로운 화.담.숲 교실 만들기
2025 미래(MI·R·A·E)-클릭(CLICK) 프로젝트로 디지털 시민 역량 로그온!
2025 인성교육실천사례연구발표대회 보고서(마음성장 HEART 프로젝트)
2025 인성브랜드 『WITH』 프로그램으로 알(R)토란 인성 역량 수확하기
2025 I.JO.A.든든한M.I.N.D프로그램으로올찬마음역량키우기
2025 역사 속 H.E.R.O와 놀이(P.L.A.Y) 하며 마.음.공.감 사회정서역량 기르기
2025 인성 크니까(КНИГА책) 프로젝트로 다·같·이 써가는 대한외국인 성장이야기
2025 철학 질문에서 출발한 M.I.N.D T.R.I.P으로 성장하는 사·춘·기 아이들

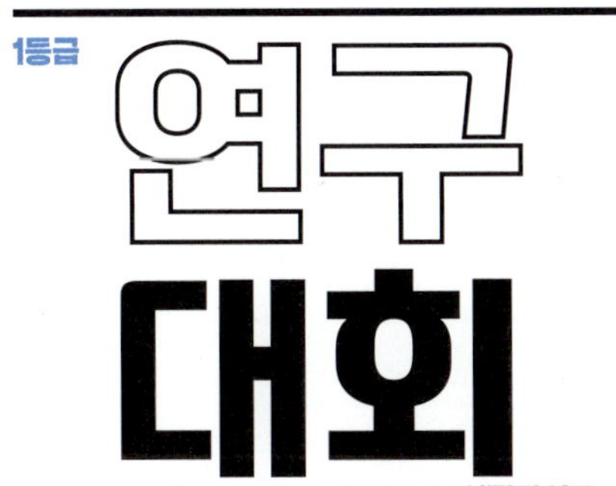

2026년 3월 3일   1판   1쇄   인 쇄
2026년 3월 15일   1판   1쇄   발 행

지 은 이 : 김민주·박정미·조용·김홍순·김동은

펴 낸 이 : 박   정   태

펴 낸 곳 : **(주) 광문각출판미디어**

10881
파주시 파주출판문화도시 광인사길 161
광문각 B/D 3층
등   록 : 2022. 9. 2 제2022-000102호
전 화(代): 031-955-8787
팩   스 : 031-955-3730
E - mail : kwangmk7@hanmail.net
홈페이지 : www.kwangmoonkag.co.kr

ISBN : 979-11-93205-86-0   03370

값 : 16,000원